오직 예수만이
전부가
되게 하라

오직 예수만이 전부가 되게 하라

저자 찰스 스펄전
역자 유재덕

초판 1쇄 발행 2023. 6. 7.

발행처 도서출판 브니엘
발행인 권혁선

책임편집 김지연
책임교정 조은경

등록번호 서울 제2006-50호
등록일자 2006. 9. 11.

서울특별시 송파구 백제고분로28길 25 B101호 (05590)
마케팅부 02)421-3436
편집부 02)421-3487
팩시밀리 02)421-3438

ISBN 979-11-93092-02-6 03230

독자의견 02)421-3487
이메일 editorkhs@empal.com

북카페 주소 cafe.naver.com/penielpub.cafe
인스타그램 @peniel_books

도서출판 브니엘은 독자들의 원고를 설레는 마음으로 기다리고 있습니다.
위의 이메일로 간단한 기획 내용 및 원고, 연락처 등을 보내주십시오.

도서출판 브니엘은 갓구운 빵처럼 항상 신선한 책만을 고집합니다.

「 고난이 부활이 되고 죽음이 생명이 되는 예수님의 은혜 」

오직 예수만이
전부가
되게 하라

찰스 스펄전 지음 | 유재덕 옮김

'설교의 왕자'라는 별명으로 유명한 찰스 스펄전의 저서인 이 책은 비록 19세기의 작품이지만, 같은 주제를 다루고 있는 오늘날의 작품들과 비교하더라도 그 내용과 깊이에 있어 전혀 손색이 없는 뛰어난 작품이다. 그뿐만 아니라 직접적인 영적 경험과 성경의 내용을 토대로 마치 담백한 잠언처럼 군더더기 없이 설득력 있게 전개되는 이 책의 내용은, 읽는 이들이 스펄전이 전하고 싶어 하는 의미를 명확하게 이해하는 데 큰 도움을 준다. 이와 같은 특징은 이 책뿐만 아니라 스펄전의 저서 전반에 걸쳐 두드러지게 나타난다.

찰스 스펄전은 1834년, 영국 남부의 에섹스주 켈버던의 한 성직자 가정에서 태어났다. 할아버지와 아버지 모두 영국 성공회의 신앙을 거부하고 독립교회를 섬긴 목회자였지만 스펄전은 가족의 전통을 따르지 않고 15세에 침례교인이 되었다. 눈보라를 피해 우연히 들어간 어느 감리교회에서 회심한 스펄전은, 심각하게 고민한 끝에 침례교 신앙을 선택했다. 그렇지만 침례교 신앙에 절대적으로 함몰되지는 않았다. 언젠가 "나는 주저함 없이 침례교인임을 인정하지만, 나의 신조가 무엇이냐고 묻는다면 '예수 그리스도'라고 대답하겠다"라고 말한 적도 있다.

목회자가 된 스펄전은 런던의 뉴파크 스트리트 채플에 초대받아 목회를 계속했다. 처음에는 80명 정도가 출석했는데, 1년 만에 2만 명이 모이는 교회로 성장했다. 기존 교회로는 모여드는 청중을 감당할 수 없게 되자 5천 석 규모의 건물을 신축했는데, 그것이 바로 1861년에 완공된 메트로폴리탄 타버너클교회이다. 그 후로도 계속된 스펄전의 목회 성공비결은 단순했다. 그의 설교는 성경 중심이었다. 사람들은 철저하게 성경에 기초한 스펄전의 설교에 매료되었다. 그는 언제나 성경 본문을 가지고 설교했고, 3천 편 이상을 설교하면서도 똑같은 내용을 전한 적이 단 한 차례도 없었다.

이 책은 이와 같은 스펄전의 집필과 설교 스타일을 잘 보여주는 대표적인 저서이다. 이 책 안에는 스펄전의 사역과 삶의 기준이자 자양분이 되었던 말씀의 묵상 내용이 고스란히 농축되어 있다. 스펄전은 인간을 구속하기 위한 그리스도의 희생을 핵심 개념으로 삼아 예수님의 임재와 친밀한 사귐이 구체적으로 무엇을 의미하는지 소개하고 있다. 그리고 우리가 임재와 사귐을 경험하는 순간에 누리게 되는 평안과 안식과 즐거움이 얼마나 강력한지 자세히 설명하고 있다. 끝으로 이 책을 접하는 이마다 예수님의 임재를 새롭게 경험할 뿐만 아니라 그에 따른 즐거움과 기쁨에 동참하는 축복을 누리게 되기를 기도한다.

"그리스도도 많은 사람의 죄를 담당하시려고 단번에 드리신 바 되셨고"(히 9:28).

P·a·r·t·01

:
:
:

죄에서 벗어나
새롭게
살려면

나무에 달리신
------------------------------------- 예수님을 품으라

친히 나무에 달려 그 몸으로 우리 죄를 담당하셨으니 이는 우리로 죄에 대하여 죽고 의에 대하여 살게 하려 하심이라. 그가 채찍에 맞음으로 너희는 나음을 얻었나니 너희가 전에는 양과 같이 길을 잃었더니 이제는 너희 영혼의 목자와 감독 되신 이에게 돌아왔느니라. 베드로전서 2:24-25.

이 놀라운 내용은 사도 베드로가 사환들에게 보낸 편지의 일부이다. 당시 사환들은 대부분 노예의 신분이었다. 이런 그들을 향해 베드로는 다음과 같은 말로 글을 시작했다. "사환들아 범사에 두려워함으로 주인들에게 순종하되 선하고 관용하는 자들에게만 아니라

또한 까다로운 자들에게도 그리하라. 부당하게 고난을 받아도 하나님을 생각함으로 슬픔을 참으면 이는 아름다우나…. 그러나 선을 행함으로 고난을 받고 참으면 이는 하나님 앞에 아름다우니라. 이를 위하여 너희가 부르심을 받았으니 그리스도도 너희를 위하여 고난을 받으사 너희에게 본을 끼쳐 그 자취를 따라오게 하려 하셨느니라. 그는 죄를 범하지 아니하시고 그 입에 거짓도 없으시며 욕을 당하시되 맞대어 욕하지 아니하시고 고난을 당하시되 위협하지 아니하시고 오직 공의로 심판하시는 이에게 부탁하시며 친히 나무에 달려 그 몸으로 우리 죄를 담당하셨으니 이는 우리로 죄에 대하여 죽고 의에 대하여 살게 하려 하심이라. 그가 채찍에 맞음으로 너희는 나음을 얻었나니"(벧전 2:18-24).

우리가 비천한 삶을 살 수밖에 없는 처지라면 온갖 인내와 온유로 우리의 죄악을 담당하신 겸손한 구세주를 떠올리면서 말할 수 없는 위로를 누릴 수 있다. 로마시대의 사환들처럼 고난을 겪으시고 매질을 당하시고 십자가에 달리셨는데도 위엄 있게 인내하며 침묵하신 주님의 모습을 바라보며 위로를 얻을 수 있다. 원인을 전혀 알수 없는 고통과 말할 수 없을 만큼 심한 비난을 받고 있다면 조금도 죄를 범하거나 잔꾀를 부리신 적이 없는 주님을 떠올리면서 위안을 누릴 수 있다.

예수님은 고난받는 무리 가운데에서도 으뜸이셨다. 그분은 선한 일을 하셨고, 그로 인해 고난을 당하셨지만 인내하며 감수하셨다.

우리에게 맡겨진 십자가를 지는 데 필요한 힘은 "친히 나무에 달려 그 몸으로 우리 죄를" 담당하신 그분에게서만 찾을 수 있다.

우리는 경험상 십자가만큼 위로를 얻을 수 있는 곳이 없음을 알고 있다. 십자가는 이파리가 달려 있지 않은, 완전히 죽은 나무이다. 하지만 우리는 더없이 즐거워하며 그 나무의 그늘에 앉는다. 그 나무의 열매는 우리 입에 아주 달다(아 2:3). 주 예수님이 고난을 당하셨기 때문에 우리는 보다 순순히 고난을 받는다. 사환은 예수님이 직접 사환의 형상을 갖추셨다는 것 때문에 위로받는다. 고난을 당하는 사람은 "그리스도도… 고난을"(벧전 2:21) 겪으신 것 때문에 격려받는다. 또한 싫은 소리를 듣더라도 힘을 잃지 않는다. 예수님 역시 모욕을 당하셨기 때문이다.

이 세상의 고난을 이기고 싶다면 흔들림 없이 십자가 옆에 서야 한다. 고난이 지나면 자취를 감추었던 별이 나타나 짓밟힌 사람을 비추고, 상처 입은 사람에게 빛을 발하고, 그리고 억눌린 사람에게 빛을 가져다준다. 반대로 십자가를 잃으면, 주 예수 그리스도의 대속적인 희생을 놓치면 우리는 모든 것을 잃어버린다.

이번 장의 본문은 세 가지 주제를 담고 있다. 우리 죄를 담당하심, 우리가 처한 조건의 변화, 그리고 우리의 영적 질병을 치유하심이다. 하나같이 매우 조심스럽게 검토할 필요가 있다. 첫 번째 주제는 주님이 우리 죄를 담당하신다는 것이다. 그분은 "친히 나무에 달려 그 몸으로 우리 죄를 담당"하셨다.

우리 죄를 담당하신
예수 그리스도

이 말씀은 우리 주 예수님이 그분의 사람들이 지은 죄악을 실제로 담당하셨다는 것을 확실하게 주장한다. 표현이 매우 구체적이기 때문이다! 만일 여기서 그리스도의 대속적인 희생을 거론하지 않았다면 그 의미를 전혀 알 수 없었을 것이다. 그뿐만 아니라 그렇게 되면 이사야서 53장의 의미를 이해할 수 없었을 것이다. 예언자의 말을 들어보자. "여호와께서는 우리 모두의 죄악을 그에게 담당시키셨도다"(사 53:6). "마땅히 형벌받을 내 백성의 허물 때문이라"(사 53:8). "그가… 범죄자 중 하나로 헤아림을 받았음이니라. 그러나 그가 많은 사람의 죄를 담당하며"(사 53:12).

만약 구세주가 실제로 우리의 죄악을 담당하시고, 우리 대신 고난받으신 것을 알려 줄 생각이 없었다면 그토록 자세히 설명하지 않았을 것이다. 다음의 구절들에는 어떤 의미가 담겨 있을까? "그리스도도 많은 사람의 죄를 담당하시려고 단번에 드리신 바 되셨고"(히 9:28). "하나님이 죄를 알지도 못하신 이를 우리를 대신하여 죄로 삼으신 것은 우리로 하여금 그 안에서 하나님의 의가 되게 하려 하심이라"(고후 5:21). "그리스도께서 우리를 위하여 저주를 받은 바 되사 율법의 저주에서 우리를 속량하셨으니 기록된 바 나무에 달린 자마다 저주 아래에 있는 자라 하였음이라"(갈 3:13). "그리스도께서 너희를 사랑하신 것같이 너희도 사랑 가운데서 행하라. 그는 우리를 위하여 자신을 버리사 향기로운 제물과 희생 제물로 하나님께 드리셨느니라"(엡 5:2). "이제 자기를 단번에 제물로 드려 죄를 없이 하시려고 세상 끝에 나타나셨느니라"(히 9:26). 이 구절들은 모두 주 예수님이 우리 죄를 담당하셨다고 가르치고 있다. 그렇지 않다면 전혀 의미 없는 구절이 될 것이다.

요즘 진리를 왜곡하고 부정하는 일이 자주 벌어지고 있다. 특히 대속과 대속을 위한 희생을 교묘히 비켜가는 '현대 사상'이 대표적이다. 일각에서는 죄의 전가와 칭의가 불가능하다는 식으로 터무니없는 말을 하고 있다. 비슷한 계열의 사람들도 이런 교리를 부도덕한 것으로 낙인찍는다.

이처럼 십자가를 혐오하는 현대 사상가들이 말하는 내용은 그리 대단한 것이 아니다. 그들이 부정하고 얕잡아보고 조롱하는 것이 우리의 거룩한 믿음의 핵심적인 교리가 분명하지만, 그것은 하늘에 떠 있는 태양처럼 성경에 아주 확실하게 자리 잡고 있다. 우리가 아담의 범죄 때문에 고통을 겪듯이 우리는 예수님의 의로움으로 인해 구원받았다. 우리는 다른 존재 때문에 쓰러졌지만 다른 존재의 힘으로 다시 일어설 것이다. 다른 사람들이 무슨 말을 하든지 우리는 대리와 전가라는 체계를 의지하면서 살아가야 한다. 우리의 죄악을 예수님께 전가하는 것은 하나님 말씀에 분명하게 계시되어 있고, 신앙의 경험을 통해 은혜롭게 확인된 축복받은 사실이기 때문이다.

앞에서 인용한 이사야서 53장 4절에는 다음과 같은 말씀이 나온다. "그는 실로 우리의 질고를 지고 우리의 슬픔을 당하였거늘." 우리는 이 말씀이 사실이라는 것을 알고 있다. 그분은 정말, 진정으로, 그리고 확실하게 슬퍼하셨기 때문이다. 그러므로 그분이 "친히 나무에 달려 그 몸으로 우리 죄를" 담당하셨다는 구절을 가볍게 읽고 넘어갈 수 없다. 우리는 그분이 진정으로 우리의 죄를 담당하신 분이라고 믿어야 한다. 우리는 완벽한 확신 속에 "주님이 친히 나무에 달려 그 몸으로 우리 죄를 담당하셨다"라고 노래해야 한다.

그 슬픔이 비유라면 죄를 담당한 것이 신화에 불과할 수도 있겠지만 우리가 읽은 성경 본문은 단순한 비유가 아니다. 글자 그대로 어김없는 사실이다. "친히 나무에 달려 그 몸으로 우리 죄를 담당하셨으니." 사람들이 이 사실에 대해 쓸데없이 이의를 제기하지 않았으면 좋겠다! 십자가를 의심하고 논란을 벌이는 것은 로마 병사들의 잘못과 다르지 않다. 그들은 예수님의 옷을 찢고 옷을 차지하기 위해 제비를 뽑았다.

또한 우리는 본문에서 사용된 용어들이 얼마나 개인적인지에 관해서도 주목해야 한다! 성령님은 매우 확실하시다. "친히… 그 몸으로 우리 죄를 담당하셨으니." 위임하신 것이 아니라 "친히… 그 몸으로" 담당하셨다. 누군가의 머릿속에서 만들어진 상상이 아니라 "그 몸으로" 감당하셨다. 이 문제를 개인적인 측면에서 살펴보자. 주님이 '우리 죄를' 담당하셨다. 나의 죄와 당신의 죄를 말이다. 예수님이 직접 십자가에서 고난받으신 게 확실하듯 예수님이 우리의 죄를 '친히 나무에 달려 그 몸으로' 담당하신 것 또한 분명하다.

주님은 우리를 위해 증인석에 나타나셨다. "그가… 범죄자 중 하나로 헤아림을 받았음이니라"(사 53:12). 더욱이 그분은 우리를 위해 처형장을 찾아오셔서 대신 사형당하셨다. 우리의 구속자는 죄가 없음에도 직접 비난을 들으셨고, 영원히 복을 누리실 분이 저주받으셨다. 욕을 들어야 할 이유가 전혀 없음에도 죽기까지 고통을 당하셨다. "그가 찔림은 우리의 허물 때문이요 그가 상함은 우리의 죄악 때문이라. 그가 징계를 받으므로 우리는 평화를 누리고 그가 채찍에 맞으므로 우리는 나음을 받았도다"(사 53:5).

또한 우리 주님이 죄를 담당하시는 것은 지속적이다. 베드로전서 2장에 기록된 이번 장의 본문은 그 의미 이상을 깨닫게 하였다. 사람들은 이 구절을 가지고 예수님이 십자가 이외의 장소에서는 우리의 죄를 담당하시지 않는다고 주장한다. 하지만 이 구절은 그렇게 말하지 않는다. '나무'는 그 어떤 곳보다 주님이 우리를 위해 죄의 대가를 담당하신다는 사실을 확실하게 확인할 수 있는 장소였다. 하지만 그 나무를 감당하시기 전부터 상당한 부담을 느끼셨다. 중요한 교리를 형식상의 성경 구절에 근거하는 것은 옳지 않다. 성경 구절이 또 다른 의미가 있을 때는 특히 그렇다.

베드로전서 2장 24~25절의 난외주는 이 구절을 이렇게 해석한다. "직접 그 몸으로 나무까지 우리의 죄를 운반하셨다." 주님은 우리 죄의 짐을 나무까지 짊어지셨고, 거기서 곧바로 해결하셨다. 그분은 오래전에 그 짐을 운반하셨다. 이에 대하여 세례 요한은 이렇게 말했다. "보라. 세상 죄를 지고 가는[동사의 시제가 현재형이다] 하나님의 어린 양이로다"(요 1:29). 그러므로 우리 주님은 하나님의 어린 양으로서 세상의 죄를 담당하셨다. 거룩한 사역을 시작한 날부터, 그리고 그 이전부터 주님은 우리 죄를 담당하셨다.

예수님은 '죽임을 당한' 어린 양이시다(계 13:8). 그래서 십자가를 지고 갈보리로 가셨을 때 나무 위에서까지 우리의 죄를 담당하신 것이다. 죽음의 고통 속에서도 우리를 대신하셨고, 우리의 잘못 때문에 불어닥친 정의의 폭풍을 그분의 영혼과 육체로 감당하셨다.

이처럼 죄를 담당하시는 것은 최종적이다. 주님은 "친히 나무에 달려 그 몸으로" 우리의 죄를 담당하셨다. 하지만 이제 더는 아니다. 죄인과 죄인의 보증인은 모두 죄와 무관하다. 율법의 요구대로 대속적 희생이 이루어졌기 때문이다. 주님은 더는 죽음을 겪으시지 않는다. 죽음이 더는 그분을 지배하지 못한다. 주님은 사역을 완수하고 외치셨다. "다 이루었다"(요 19:30). 우리는 그분이 직접 나무에서 몸으로 담당하신 죄를 찾을 수 없다. 더는 존재하지 않기 때문이다.

이것은 오래전 하나님의 언약에 근거한다. "여호와의 말씀이니라. 그날 그때에는 이스라엘의 죄악을 찾을지라도 없겠고 유다의 죄를 찾을지라도 찾아내지 못하리니 이는 내가 남긴 자를 용서할 것임이라"(렘 50:20).

메시아의 사역은 "허물이 그치며 죄가 끝나며 죄악이 용서되며 영원한 의"를 드러내는 것이다(단 9:24). 그런데 죄의 문제가 해결되었다면 더는 해야 할 일이 없다. 허물이 그쳤다면 더는 거론할 필요도 없다. 그러므로 거룩한 믿음에 의지해 뒤를 돌아보자. 예수님이 우리 대신 엄청난 죄의 짐을 짊어지고 나무에 매달리신 것을 바라보자. 하나님이 죄악으로 간주하시는 것과 그에 따른 심판과 관련된 우리의 도덕적 책임은 주님의 희생으로 인해 완벽하게 해결되었다! 자연법칙에 의하면 두 곳에 한꺼번에 존재할 수 없다. 그런즉 우리 주님이 죄악을 담당하셨다면 그것은 우리와 무관하다. 만일 우리가 하나님이 직접 허락하신 대속을 인정한다면 거듭 책임을 묻는 것, 즉 일차적으로 보증인이 담당하고, 이어서 당사자까지 처벌하는 것은 불가능한 일이다.

속죄양이 이스라엘의 죄를 지고 불모의 땅으로 가는 것처럼 주 예수님은 자기 사람들의 죄를 담당하셨다. 우리의 죄는 영원히 사라졌다. "동이 서에서 먼 것같이 우리의 죄과를 우리에게서 멀리 옮기셨으며"(시 103:12). 그분은 우리의 모든 불법을 깊은 바다에 내던지셨다. 죄를 그분의 등 뒤로 던지시고 더는 보지 않으신다.

우리는 이 문제에 관해 차분하고 침착하게 언급하고 있지만 우주에서 무엇보다 경이로운 일이다. 지상에서는 기적이고, 천상에서는 신비이며, 지옥에서는 공포이다. 우리가 죄책감과 그에 따른 처벌, 그리고 문자 그대로 그리스도의 대속을 제대로 이해한다면 매우 뜨거운 감사와 사랑과 찬양을 드리지 않을 수 없을 것이다. 그로 인해 우리는 모두 평생 "하나님의 아들에게 영광, 영광이 있으라!"고 외치고 노래하게 될 것이다.

죄가 없으시고, 실제로 악을 행하실 수 없는 영광의 임금이 자신을 낮춰 우리를 '대신하여 죄'와 접촉하셨다는 것은 참으로 놀라운 일이다(고후 5:21). 주님은 입으로 죄를 거론하실 수조차 없는 고귀하신 분이지만 그것을 직접 어깨에 짊어지셨다. 그분은 제사장들이 법궤를 운반할 때 사용한 황금 지팡이로 죄악을 들어 올리시지 않고 "친히 나무에 달려 그 몸으로" 더러운 우리 죄의 짐을 감당하셨다. 이것이 바로 천사들이 간절히 보고 싶어 하는 은혜의 신비이다(벧전 1:12).

죄에 대해 죽고
새롭게 얻은 우리의 생명

우리는 죄에 관한 심판을 받았기 때문에 법적으로는 영원히 죽었다. 만일 내가 범죄 때문에 사형 판결을 받았는데 다른 사람이 나 대신 죽었다면 나는 나를 위해 죽은 그 사람 안에서 죽은 것이다. 법적으로 나를 또다시 기소해서 재판정에 세우고 판결해 사형에 처할 수 없다. 그런 절차에 정의가 존재할 수 있을까? 내가 이미 죽었는데 어떻게 또다시 죽을 수 있을까?

마찬가지로 나는 이미 영광스럽고 영원히 찬양받으실 대속자 안에서 하나님의 진노를 감당했다. 그런데 어째서 또다시 경험해야 할까? 만일 또다시 진노를 경험해야 한다면 대속자가 무슨 필요가 있을까? 사탄이 하나님 앞에서 비난하면 나는 이렇게 대답할 것이다. "나는 죽었습니다. 죗값을 치렀고, 죄에 대해 죽었습니다. 나에게 내려진 판결을 이미 다른 분이 치렀기 때문입니다." 이 얼마나 놀라운 구원인가!

베드로 역시 성령의 역사하심으로 예수님의 죽음이 우리 마음에 영향을 미쳐 실제로 우리가 죄에 대해 죽었음을 일깨우고자 했다. 다시 말해 우리는 더는 죄악을 사랑하지도 않고, 더는 죄악이 우리를 어떻게 하지도 못한다는 것이다. 죄가 더는 우리 마음에 둥지를 틀 수 없기에 들어오면 침입자가 된다. 우리는 더는 자발적으로 죄의 종노릇을 하지 않는다. 죄가 소리쳐 유혹해도 응하지 않는다. 소리를 듣지 못하기 때문이다. 죄가 멋진 보상을 약속해도 동의하지 않는다. 유혹에 대해 죽었기 때문이다.

비록 우리는 죄를 범하지만 우리의 생각은 죄를 거절한다. 우리는 하늘나라에서나 완벽하게 거룩해질 것이다. 우리 마음과 생각은 완전을 추구하고 우리 영혼은 죄를 혐오한다. "만일 내가 원하지 아니하는 그것을 하면 이를 행하는 자는 내가 아니요 내 속에 거하는 죄니라"(롬 7:20). 무엇보다 진실되고 실제적인 우리의 자아는 죄를 미워하지만 우리는 그것을 벗어날 수 없다. 그렇지만 우리는 최선을 다해 악한 죄를 피해 달아난다. 우리 안에 있는 새로운 생명이 죄와 무관하고 죄에 대해 죽었기 때문이다.

'죄에 대하여 죽고'에 사용된 헬라어를 영어로 완벽하게 옮기는 것은 불가능하다. 그것은 '죄에 대해 태어나지 않은 상태'를 가리킨다. 우리는 죄 안에서 잉태되었지만 예수님의 죽음과 우리 안에서 역사하시는 성령 때문에 출생하지 않은 상태이다. 실제로 우리는 죄에 대해 '태어나지' 않았다. 출생의 순간이 닥치더라도 죄로 인해 우리 안에 존재하는 것은 예수님의 죽음을 통해 성령님이 나눠주시는 새로운 생명 때문에 효력을 잃는다. 우리는 죄에 대해 아직 태어나지 않았다. 모든 성경 구절이 그렇듯이 나는 이 구절이 마음에 든다. 출생을 되돌리는 것, 즉 출생한 것이 출생하지 않은 것이 될 수 있을까? 그렇다. 진정한 자아인 '나'는 이제 죄에 대해 태어나지 않았다. 우리는 "혈통으로나 육정으로나 사람의 뜻으로 나지 아니하고 오직 하나님께로부터"(요 1:13) 났기 때문이다. 우리는 죄에 대해 태어나지 않았고 하나님에 대해 태어났다.

또한 죄를 담당하신 주님은 우리에게 새 생명까지 주셨다. 그 결과 율법에 따라 악에 대해 죽은 우리는 은총의 나라에서 새로운 삶을 살고 있다. 우리 주님의 목적은 "우리로… 의에 대하여 살게" 하시려는 것이다. 내가 신뢰하듯이 우리의 삶은 의로워야 할 뿐만 아니라 의에 대해 활기차고 예민하고 적극적이어야 한다. 주님의 죽음으로 인해 우리의 눈과 생각과 입술과 심장이 의에 대해 새롭게 되었다. 주님의 구속적인 희생의 교리가 우리에게 생명을 가져다줄 수 없다면 아무 소용도 없을 것이다. 우리가 죄를 짓는다면 그것은 과거의 죽음의 슬픈 결과이다. 하지만 우리가 의를 행하면 우리는 의에 대해 산다.

거룩하신 주님이 생명을 버리셨기 때문에 우리는 그분을 찬양하는 삶을 살아야 한다. 우리 주님을 죽음에 이르게 한 나무가 우리에게는 생명의 나무이다. 이 생명의 나무 아래에 앉으면 선악을 알게 하는 그 나무에 슬그머니 끼어드는 허약함과 질병을 털어낼 수 있다. 아프리카에서 활동한 스코틀랜드의 선교사인 데이비드 리빙스턴은 말라리아를 치료하는 데 리빙스턴 라우저라고 알려진 약품을 사용했다. 하지만 고통스러운 십자가에서 추출한 영광스러운 진리는 그보다 훨씬 강력하다! 그러므로 주 예수님이 죽음의 고통과 보혈로, 십자가와 고난으로 우리를 위해 성취하신 놀라운 일을 우리 삶으로 입증하자!

우리의 영적 질병을
치유하신 예수님

계속해서 베드로는 예수님의 죽음을 통한 영적 질병의

치유에 관해 설명한다. "그가 채찍에 맞음으로 너희는 나음을 얻었나니 너희가 전에는 양과 같이 길을 잃었더니 이제는 너희 영혼의 목자와 감독되신 이에게 돌아왔느니라." 우리는 치유되었고 지금도 그렇다. 치유는 미래에 이루어지는 일이 아니다. 그것은 과거에 이미 이루어졌다. 베드로는 자신의 서신에서 질병에 관해 설명했다(벧전 2:25). 그렇다면 우리의 질병은 무엇일까?

먼저 육신의 정욕이다. "양과 같이 길을 잃었더니." 죄는 우리를 지능이 거의 없는 짐승에 비유하는 것을 당연할 정도로 만들었다. 성경은 거듭나지 않은 사람을 "들나귀 새끼"(욥 11:12)에 비유한다. 아모스는 이스라엘을 "바산의 암소들"(암 4:1)에 비유해 말했다. "너희가 성 무너진 데를 통하여 각기 앞으로 바로 나가서 하르몬에 던져지리라"(암 4:3). 다윗 역시 자신을 커다란 동물에 비유했다. "내가 이같이 우매 무지함으로 주 앞에 짐승이오나"(시 73:22). 예수님이 찾아오시기 전까지 우리는 짐승과 다를 바 없었다.

그렇지만 그 이후로는 짐승이 아니다! 구속자와 접촉하게 되면 우리 안에 활기차고 거룩하고 영적인 본성이 만들어진다. 과거의 짐승 같은 습관을 여전히 짊어지고 다니지만 하나님의 은혜로 인해 그것을 복종시키고 무력하게 만들었다. 이제 우리는 아버지와 아들 예수 그리스도와 더불어 교제를 나누고 있다. 우리는 양 같았지만 구속받음으로써 하나님께로 나아가고 있다.

또한 우리는 양처럼 기회만 있으면 방황하려는 경향 역시 고침을 받았다. "너희가 전에는 양과 같이 길을 잃었더니." 우리는 늘 길을 잃고, 길을 잃는 것을 좋아하고 즐거워하고, 무리와 떨어져서 방황하는 것을 무엇보다 기뻐한다. 우리는 여전히 방황하지만 그렇다고 양처럼 방황하지는 않는다. 우리는 이제 바른길을 따라가고 "어린 양이 어디로 인도하든지" 따라가고 싶어 한다.(계 14:4). 우리가 방황하고 있다면 무지나 유혹에 넘어간 것이다. 우리는 진심으로 이렇게 말할 수 있다. "나의 영혼이 주를 가까이 따르니"(시 63:8). 예수님의 십자가가 우리의 손과 발에 안전하게 못을 박았다. 이제는 욕심 때문에 죄악을 따라갈 수 없다. 오히려 이렇게 말한다. "내 영혼아 네 평안함으로 돌아갈지어다. 여호와께서 너를 후대하심이로다"(시 116:7). 주님의 죽음으로 인해 우리 안에는 주님의 얼굴을 따라가고, 그분과 새롭게 교제하도록 이끄는 불멸의 사랑이 조성되었다.

그리고 주님의 죽음은 다른 지도자를 따라가려는 상태에서 벗어나도록 우리를 치유하셨다. 한 마리 양이 구멍 난 울타리로 빠져나가면 나머지 무리 역시 뒤를 따르게 된다. 우리는 죄를 짓거나 실수할 때 쉽게 주모자를 따라갔다. 그것이 지나치다 보니 적절하거나 인정받을 만하거나, 혹은 일상적인 행동을 하거나 습관을 지닐 수 없었다. 하지만 우리 주 예수님을 제외하고는 누구도 따라가지 않기로 결심했다. 그분의 말씀 역시 다르지 않다. "내 양은 내 음성을 들으며 나는 그들을 알며 그들은 나를 따르느니라"(요 10:27). "타인의 음성은 알지 못하는 고로 타인을 따르지 아니하고 도리어 도망하느니라"(요 10:5).

나는 개인적으로 인간 지도자를 따르지 않기로 결심한 상태이다. 예수님에 대한 믿음은 거룩한 독립심을 길러준다. 우리는 사람들을 전혀 인정하지 않을 정도로 십자가에 달리신 주님을 완벽하게 의지하는 법을 배웠다.

마지막으로 우리가 방황할 때 양처럼 늑대들의 표적이 될 수 있다. 하지만 목자 옆에 있을 때 이 같은 어려움을 겪지 않는다. 우리는 죽음의 위험에 처해 있고, 사탄 때문에 위험에 직면해 있고, 그리고 탐욕스러운 짐승처럼 주변을 배회하는 시험을 무수히 겪어야 하는 위험에 놓여 있다. 사자들이 울부짖으면 목자에게 더 가까이 가게 된다. 그러면 목자의 지팡이가 지켜주기 때문에 기쁨을 누릴 수 있다. 목자는 이렇게 말씀하신다. "내 양은 내 음성을 들으며 나는 그들을 알며 그들은 나를 따르느니라. 내가 그들에게 영생을 주노니 영원히 멸망하지 아니할 것이요 또 그들을 내 손에서 빼앗을 자가 없느니라"(요 10:27-28).

우리에게 놀라운 은총의 역사가 이루어졌다! 우리에게 큰 도움이 되었지만 이 모든 일을 예수님의 가르침 탓으로 돌릴 수는 없다. 예수님의 모범으로 인해 부지런히 본받아야 한다는 영감을 얻었지만 그것 역시 아니다. 그분이 채찍에 맞으셨기 때문이다. "그가 채찍에 맞음으로 너희는 나음을 얻었나니."

우리는 십자가에 달리신 예수님을 전한다. 십자가에 달리신 예수님을 통해 구원받았기 때문이다. 그분의 죽음은 우리 죄의 죽음이다. 우리는 예수님의 대속의 교리를 절대 포기할 수 없다. 그것을 통해 우리가 거룩해질 수 있는 능력을 얻기 때문이다. 그분의 보혈로 죄책감을 씻었을 뿐 아니라 죄를 이겼다. 우리가 숨을 쉬고 맥박이 뛰는 한 복된 진리를 감출 수 없다. "나무에 달려 그 몸으로 우리 죄를 담당하셨으니 이는 우리로 죄에 대하여 죽고 의에 대하여 살게 하려 하심이라." 아무쪼록 주님이 이 모든 것에 관해 내가 설명한 것보다 훨씬 더 많은 것을 깨우쳐주시기를 기도한다.

변함없이 온전한 사랑을
기억하라

내 사랑 너는 어여쁘고도 어여쁘다. 너울 속에 있는 네 눈이 비둘기 같고 네 머리털은 길르앗 산기슭에 누운 염소 떼 같구나. 네 이는 목욕장에서 나오는 털 깎인 암양 곧 새끼 없는 것은 하나도 없이 각각 쌍태를 낳은 양 같구나. 아가서 4:1-2.

새가 둥지로 돌아올 때, 그리고 여행자가 귀가를 서두를 때는 계속해서 특별한 대상을 떠올리게 된다. 우리가 항상 사랑하는 사람의 얼굴을 볼 수 있는 것은 아니다. 우리는 소중한 것들을 늘 보고 싶어 한다. 주님 역시 마찬가지다. 그분은 영원 전부터 '인자들을' 기뻐하셨다(잠 8:31). 그 애정은 선택받은 사람들이 세상에 태어날 때까지 계속되었다. 주님은 그들을 앞서 알고 있는 지식에 비추어 바라보셨다. 이에 관하여 시편 기자는 이렇게 말했다. "내 형질이 이루어지기 전에 주의 눈이 보셨으며 나를 위하여 정한 날이 하루도 되기 전에 주의 책에 다 기록이 되었나이다"(시 139:16).

땅의 기둥들 위에 세계를 세웠을 때(삼상 2:8) 예수 그리스도는 거기에 계셨고, "이스라엘 자손의 수효대로 백성들의 경계를" 정하셨다(신 32:8). 그분은 성육신이 있기 훨씬 전에 사람의 모습으로 이 땅을 찾아오셨다. 그리스도는 마므레 지역(창 18:1-33), 얍복 강가(창 32:22-30), 여리고의 성 밖(수 5:13-15), 그리고 바벨론의 풀무(단 3:19-25)에 있던 자기 사람들을 찾아오셨다. 주님은 그들을 진심으로 기뻐하셨기 때문에 그들과 떨어져 지내실 수 없었다. 그들을 생각하는 그리스도의 마음은 간절하셨다. 그분은 그들을 한 번도 잊으신 적이 없었다. 그들의 이름을 손바닥에 새기셨고(사 49:16), 가슴에 붙이고 다니셨다(출 28:29).

자기 사람을
기억하시는 예수님

이스라엘 지파들의 이름이 기록된 흉패가 대제사장이 착용하는 가장 훌륭한 장식이었듯, 예수님이 선택하신 사람들의 이름은 무엇보다 소중한 보석이기에 늘 가슴 가까운 곳에 달려 있다. 우리는 가끔 주님의 완전하심을 묵상하는 것을 잊을 수 있지만 그분은 절대 우리를 잊으시는 법이 없다. 그분의 영광스러운 사역은 자녀들에 관한 관심에 비교하면 절반에도 미치지 못한다.

주님은 모든 아름답고 탁월한 것을 바라보시지만 그 무엇에도 그분이 대속하신 이들을 대하듯이 감탄하고 기뻐하는 눈길을 주시는 법이 없다. 천사들에게 그들을 돌보도록 명령하시고(마 4:6), 잃어버린 양을 찾으면 거룩한 이들을 불러 함께 즐거움을 나누신다. "너희 중에 어떤 사람이 양 백 마리가 있는데 그중의 하나를 잃으면 아흔아홉 마리를 들에 두고 그 잃은 것을 찾아내기까지 찾아다니지 아니하겠느냐. 또 찾아낸즉 즐거워 어깨에 메고 집에 와서 그 벗과 이웃을 불러 모으고 말하되 나와 함께 즐기자. 나의 잃은 양을 찾아내었노라 하리라. 내가 너희에게 이르노니 이와 같이 죄인 한 사람이 회개하면 하늘에서는 회개할 것 없는 의인 아흔아홉으로 말미암아 기뻐하는 것보다 더하리라"(눅 15:4-7). 주님은 자신에게 그들에 대해 말씀하시고, 심판의 나무 위에서까지 그들에 대한 혼잣말을 멈추지 않으셨다. 그분은 자신의 영혼이 산고를 겪는 것을 아시고 매우 만족스러워하셨다.

예수 그리스도는 우리 안에서 탁월함이 움트고, 선한 싹이 돋아나는 것을 다정한 어머니처럼 지켜보신다. 우리가 은총을 누리기 시작하는 것을 소중히 여기고 기뻐하신다. 주님이 우리의 영원한 노래가 되시는 것처럼 우리는 그분의 끝없는 기도 제목이다. 주님은 함께 계시지 않아도 여전히 우리를 생각하시고, 암흑 속에서도 우리를 바라보는 창문을 열어두신다. 해가 지더라도 우리가 볼 수 없는 지평선 너머의 다른 곳에서는 해가 뜬다. 마찬가지로 의의 태양이신 (말 4:2) 예수님은 우리에게 암흑이 찾아온 것처럼 생각되는 순간에 다른 방식으로 그분의 사람들에게 빛을 쏟아부으신다.

신부를 잊지 않으시는
예수님

주님의 눈은 언제나 포도원, 즉 그분의 교회를 향하고 있다. "나 여호와는 포도원 지기가 됨이여 때때로 물을 주며 밤낮으로 간수하여 아무든지 이를 해치지 못하게 하리로다"(사 27:3). 주님은 천사들에게 그 일을 시키는 것을 내켜 하지 않으신다. 자신이 직접 해야 즐겁기 때문이다. 시온은 그분의 마음 한가운데 자리하고 있기에 잊을 수가 없다. 그분의 생각은 하루도 거르지 않고 교회를 향한다. 신부가 그분을 외면하고 시야에서 사라지기라도 하면 다시 볼 때까지 가만히 계시지 못한다. 더할 수 없이 사랑스러운 음성으로 신부를 부르신다. "바위틈 낭떠러지 은밀한 곳에 있는 나의 비둘기야 내가 네 얼굴을 보게 하라. 네 소리를 듣게 하라. 네 소리는 부드럽고 네 얼굴은 아름답구나"(아 2:14).

신부는 스스로 이런 임금과 함께 지낼 만한 자격이 없다고 생각하지만 그는 은밀한 곳으로 안내한다. 신부가 떨면서 다가와 부끄러워 베일로 얼굴을 가리자 신랑은 얼굴을 바라볼 수 있게 해달라고 요구한다. 그녀는 부끄러웠다. 얼굴이 검기 때문이었다. 그러나 신랑은 그녀가 아름답다는 주장을 굽히지 않는다. 더욱이 신랑은 바라보는 것만으로 만족하지 못한다. 눈은 물론이고 귀까지 만족스러워야 한다. 그래서 신부의 목소리를 칭찬하며 말해달라고 부탁한다. 주님이 우리를 얼마나 진정으로 기뻐하시는지 살펴보라! 참으로 비길 데 없는 사랑이 아닐까?

우리는 농부의 아름다운 딸에게 마음을 빼앗긴 왕자들에 대해 들어왔지만 이 경우는 어떤가? 벌레 같은 인간을 맹목적으로 사랑하시고, 불쌍한 아담의 자녀를 감탄하는 자세로 바라보시고, 그리고 보잘것없는 인간의 혀 짧은 소리를 즐겁게 들어주시는 하나님의 아들이 여기에 있다. 우리는 그토록 한없이 정중한 모습 때문에 지나치게 마음을 빼앗긴 것이 아니었을까? 우리 마음도 주님처럼 그렇게 기쁠 수는 없을까? 이것은 놀라운 일이다. 예수 그리스도는 부족하고 시험받고 고난당하고 실수를 범하는 자기 사람들을 즐거워하신다.

사랑을 표현하시는
우리 주 예수님

　　때로 주 예수님은 그분의 사람들에게 그들을 사랑하는 마음을 들려주신다. 이것에 관해 신학자 어스킨은 언젠가 다음과 같이 말한 적이 있다. "그는 그녀의 등 뒤에서 할 말을 충분히 생각하지 않았지만 마주 보면서 이렇게 말한다. '내 사랑, 너는 어여쁘고도 어여쁘다.' 이것은 그가 흔히 사용하는 방법이 아니지만 사실이다. 그는 지혜로운 연인이기에 사랑의 고백을 간직할 때와 털어놓을 때를 안다. 그것을 비밀로 간직해야 할 때가 있고, 사랑하는 자의 영혼에 확실하게 표현해야 할 때가 있기 때문이다."

성령의 증거

　　성령님은 이따금 아주 자비로운 방식으로 우리 영혼에 주 예수님의 사랑을 즐겁게 확인시켜주신다. 그분은 예수님에 대한 일들을 우리에게 계시하신다. 구름 속에서 나는 어떤 소리를 듣거나 밤에 어떤 환상을 볼 수는 없지만 이것들보다 더 확실한 증언을 들을 수 있다. 천사가 하늘에서 날아와 우리에게 구세주의 사랑을 따로 알려주더라도 그 증거는 성령님이 마음에 제시하시는 것보다 그리 만족스럽지 못할 것이다. 하늘나라의 문에서 가장 가까운 곳에서 살아온 주님의 사람들에게 물어보면 자신들에 대한 예수님의 사랑은 아주 확실하고, 자신들의 존재에 의문을 제기할 수 없듯이 의심할 수 없을 만큼 확신한다고 대답할 것이다.

확신을 주는 주님의 임재

우리는 주님의 임재 안에서 힘을 새롭게 회복하는 순간을 누렸다. 그로 인해 우리의 믿음은 최고 수준의 확신에 도달했다. 우리는 주님의 가슴에 머리를 기댈 수 있을 정도의 확신을 유지했다. 요한이 "발 앞에 엎드러져 죽은 자같이 되매"(계 1:17)라고 말했듯이 주님의 사랑을 의심하지 않았다. "주여, 나는 아니지요?"라는 우울한 질문은 우리와 무관했다. 주님은 우리에게 사랑으로 입을 맞추셨고(아 1:2), 가까이 안아주셔서 의심이 발붙이지 못하게 하셨다. 그분의 사랑은 우리 영혼에 포도주보다 달콤했다.

우리는 이렇게 노래할 자신이 있었다. "너는 왼팔로는 내 머리를 고이고 오른손으로는 나를 안았으리라"(아 8:3). 그러자 세상의 온갖 어려움이 타작마당의 왕겨만큼이나 가벼워졌고, 세상이 주는 즐거움은 달걀흰자처럼 아무 맛도 느껴지지 않았다. 심지어 우리는 죽음조차 만나고 싶은 주님께로 안내하는 심부름꾼으로 환영할 수 있었다. 예수님의 사랑은 그분을 더욱 갈망하게 했다. 그분의 즉각적이며 영광스러운 임재에도 그랬다.

가끔 주님이 사랑을 확인시켜주실 때는 기쁨과 즐거움을 더는 감당할 수 없을 것 같았다. 나의 눈에는 감사의 눈물이 그렁그렁했다. 나는 그분께 감사하려고 무릎을 꿇었지만 일어나서 감사하는 것 말고는 달리 간구할 것이 없을 것 같다는 생각이 들어 서둘러 다시 일어섰다. 그럴 때마다 하늘을 향해 손을 들고 주님을 두 팔로 한껏 품고 "자기의 친구와 이야기함 같이"(출 33:11) 그분과 대화하고, 그분의 진정한 모습을 확인하고 싶은 마음이 간절했다.

나는 사랑하는 분의 한 가지 약속, 즉 "너는 내 것이라"(사 43:1)는 말씀을 한껏 누렸다. 베드로처럼 그곳에 장막을 짓고 거기서 영원히 살고 싶었다. 하지만 우리는 모두 여전히 복된 확신을 유지하는 법을 익히지 못했다. 우리는 사랑하는 분을 흔들어 깨운다. 그런데 그분은 우리의 불안한 마음을 건드리지도 않으신다. 그러면 우리는 뒤를 더듬어 쫓아가며 그분을 찾기 위한 힘겨운 여정에 나서게 된다.

주님의 사랑에 거하는 느낌

우리가 더욱 지혜롭고, 더욱 조심하면 예수님 말씀의 향기를 훨씬 더 길게 유지할 수 있다. 그것은 쉽게 부패하는 일반적인 만나와 달리 황금 단지에 넣어 오랫동안 보관했던 얼마 되지 않는 만나와 비슷하다. 사랑스러운 주 예수님은 사랑의 마음을 자기 사람들의 심장에 아주 분명하고 깊숙하게 기록하셔서 세월이 흘러도 그분의 애정을 여전히 누릴 수 있게 하셨다. 여름의 태양 앞에 있는 옅은 구름처럼 어느 정도 의심이 끼어들기도 했지만 즐거움을 누리는 동안 확신의 온기는 여전했다. 길은 평탄했고 잔잔한 물가에서 푸른 풀을 배불리 먹었다. 그분의 막대기와 지팡이가 위로되었고 그분의 오른손이 인도하셨기 때문이다.

교회 안에는 일부 사람들이 주장하는 것보다 이것을 인정하는 사람들이 더 많으리라 생각하고 싶다. 많은 사람이 언덕에 거하면서 햇빛을 바라본다. 그들은 당대의 영적 거인들이다. 시대가 그들의 엄청난 능력을 발휘할 수 있는 여지를 허락하지 않아도 이 사실은 달라지지 않는다. 여러 개의 초라한 침상, 많은 사람이 북적거리는 작업장, 소박한 여러 가정마다 다윗의 집에 속한 사람들, 거룩한 기름을 부음받고 하나님의 마음을 뒤따르는 사람들이 존재한다.

하지만 주님의 군사들은 존 번연의 「천로역정」에서처럼 '작은 믿음들'이라는 난쟁이들로 이루어져 있다. 두려움에 기가 꺾인 사람들을 어디에서든 볼 수 있다. 어째서 이런 일이 벌어질까? 주님의 잘못일까, 아니면 우리의 잘못일까? 분명히 주님의 잘못은 아니다. 그렇다면 이것은 우리 영혼을 점검해야 할 문제이다. 나는 더 강해질 수 없는 것일까? 어떻게 나의 의심을 털어낼 수 있을까? 대답은 다음과 같다. "우리는 위로받을 수 있지만 주님의 입으로만 가능하다." 이것이 아니고서는 만족을 누릴 수 없기 때문이다.

비록 지금은 나약해서 떨고 있을지라도 담대한 믿음과 확신에 찬 희망에 도달할 방법이 있음을 의심할 수 없다. 하지만 주 예수님이 사랑을 보여주시면서 그분과의 연합을 소개하지 않는 이상 어떻게 이런 일이 가능한지 알 수 없다. 우리가 이것을 구하면 그분은 실행하신다. 끝까지 간구하는 사람이 보상받는다.

망설이지 말고 서둘러 가서 그분의 미소 한 번, 그분의 입에서 나오는 한마디 말씀이 아니면 절대 만족할 수 없다고 말하라! 입을 열어 이렇게 말하라. "주 예수님, 주님이 저를 사랑하신다는 것을 알기 전까지는 안식을 누릴 수 없습니다! 주님의 손과 인장으로 주님의 사랑을 확증받고 싶습니다! 짐작과 추측만 하고서는 살아갈 수 없습니다. 확실한 것만이 떨리는 심정을 진정시킬 수 있습니다. 주여, 진정으로 저를 사랑하시면 돌아보사 어떤 성도들보다 부족해도 주님이 저의 구원이 되시겠다고 제 영혼에 말씀하소서."

이 기도가 전해질 때 절망이라는 성은 반드시 흔들린다. 예수님이 사랑을 속삭이실 때 그것을 감당해낼 수 있는 돌은 있을 수 없다. 존 번연이 「천로역정」에서 전하듯이 낙심한 사람과 그의 딸 커다란 두려움은 춤을 출 것이고, 목발을 사용하던 우유부단한 사람은 뛰어다닐 것이다.

벧엘을 방문하면 할수록(창 28:10-19) 이스라엘의 하나님으로부터 더 자주 방문을 받는다! 하나님의 말씀은 아브라함에게 하신 것처럼 정말 달콤하다. "아브람아 두려워하지 말라. 나는 네 방패요 너의 지극히 큰 상급이니라"(창 15:1). 오래전에 다니엘이 들었던 "큰 은총을 받은 사람이여"(단 10:19)라는 말씀은 수천 년이 흐른 지금도 이 세상에 기쁨을 안겨준다. 주님의 입에서 나오는 확실한 사랑의 말씀보다 피조물을 더 평안하고 행복하게 해주는 것이 또 있을까? "주여, 늘 주님의 말씀을 들려주소서. 주님이 제 영혼에게 자비롭게 말씀하시면 순례의 길을 가는 동안 무엇이 더 필요하겠습니까!"

주님이 우리를 기뻐하신다는 확실한 증거를 얻기 위해 힘써야 한다. 이것이 바로 우리 마음이 주님과 비슷한 감정을 품을 수 있는 가장 손쉬운 길이기 때문이다. 그때 주님은 우리와 교제하신다. 예수님은 우리를 크게 기뻐하신다. 그러므로 거룩한 사귐을 통해 그분께 나아가야 한다.

우리의 생각을 쏟아내자. 그분은 우리를 기뻐하시기에 귀를 기울이신다. 아버지를 불쾌하게 만들었다는 것을 알게 된 자식이라면 가까이하지 않을 수도 있겠지만, 예수 그리스도께서 우리에게 미소를 지으시는데 어째서 거리를 두어야 할까? 오히려 그분의 미소가 우리를 끌어당기니 궁정으로 들어가 그분의 황금 홀을 만져보자. "성령이여, 주님과 행복하게 사귀는 삶을 살 수 있게 하셔서 그분과 우리가 하나 되게 도와주소서!"

구원을 넘어서는
임재를 경험하라

여호와여 의의 호소를 들으소서. 나의 울부짖음에 주의하소서. 거짓되지 아니한 입술에서 나오는 나의 기도에 귀를 기울이소서. 주께서 나를 판단하시며 주의 눈으로 공평함을 살피소서. 주께서 내 마음을 시험하시고 밤에 내게 오시어서 나를 감찰하셨으나 흠을 찾지 못하셨사오니 내가 결심하고 입으로 범죄하지 아니하리이다. 시편 17:1-3.

영광스러운 하나님이 죄에 물든 인간을 찾아와 대화를 나누신다는 것은 참으로 감격스러운 일이다. "사람이 무엇이기에 주께서 그를 생각하시며 인자가 무엇이기에 주께서 그를 돌보시나이까"

(시 8:4). 하나님이 찾아오실 때마다 우리는 감당할 수 없는 기쁨을 누리게 된다. 다윗은 매우 진지하게 그 기쁨을 언급했다. 그는 단순히 말하는 것으로 끝내지 않고 어느 세대든지 쉽게 이해할 수 있도록 기록으로 남겼다. "주께서 내 마음을 시험하시고 밤에 내게 오시어서."

하나님이 찾아오시면 당신 역시 놀라서 기억에 담아두려 하고 친구들에게 소개할 것이다. 그리고 대단한 사건들 가운데 하나로 기록해둘 것이다. 무엇보다 하나님께 즐거운 마음을 직접 털어놓고 겸손히 고백할 것이다. "주께서 내 마음을 시험하시고 밤에 내게 오시어서." 그러므로 자신을 낮추시는 주님을 기억하고 알리는 것과 겸손한 기도와 즐거운 찬양으로 "주께서 내 마음을 시험하시고 밤에 내게 오시어서"라고 말하는 것이 예배를 구성하는 핵심적인 내용이 되어야 한다.

지금부터 소개할 내용은 나의 경험이지만 당신에게도 분명히 해당할 수 있다. 하나님이 성령님을 통해 우리 가운데 누구에게든지 찾아오시면 두 가지의 일이 뒤 따른다. 즉 우리 마음이 낱낱이 드러나게 되고, 달콤한 위로를 누리게 된다.

달콤한 위로를 주는
하나님의 찾아오심

우리 주 하나님이 찾아오시면 영혼이 떨리고 그분이 속마음을 살피신다는 것을 분명히 깨닫게 된다. 욥이 하나님께 어떻게 대답했는지 기억할 필요가 있다. "내가 주께 대하여 귀로 듣기만 하였사오나 이제는 눈으로 주를 뵈옵나이다. 그러므로 내가 스스로 거두어들이고 티끌과 재 가운데에서 회개하나이다"(욥 42:5-6). 우리가 하나님에 대한 글을 읽고 들으면서는 그다지 영향을 받지 않을 수도 있지만 하나님의 임재를 느끼는 것은 전혀 차원이 다른 문제이다.

내가 사는 집은 어떤 왕이 방문하더라도 특별히 문제 될 것이 없다. 하지만 왕의 왕께는 전혀 어울리지 않는다는 것을 알고 있다. 하나님이 그토록 완벽하게 거룩하시다는 것을 알지 못했다면 죄가 "심히 죄 되게"(롬 7:13) 한다는 것 역시 알지 못했을 것이다. 하나님의 본성이 거룩하시다는 것을 몰랐다면 타락한 나의 본성도 파악하지 못했을 것이다.

예수님을 마주하면 우리는 "그의 발 앞에"(계 1:17) 엎드리게 된다. 그전까지의 우리 삶은 헛되고 교만할 뿐이다. 신비한 손이 나타나 벽에 글씨를 썼을 때 벨사살의 무릎이 서로 부딪히고 다리가 녹는 듯했다면(단 5:5-6), 주님을 직접 만날 때 우리 영혼은 얼마나 큰 두려움에 사로잡히게 될까! 환히 비추는 임재 때문에 우리의 부족함이 드러나게 되고 부끄러움에 사로잡히게 될 것이다. 우리는 다니엘의 말을 따라 할 것이다. "나만 홀로 있어서 이 큰 환상을 볼 때 내 몸에 힘이 빠졌고 나의 아름다운 빛이 변하여 썩은 듯하였고 나의 힘이 다 없어졌으나"(단 10:8). 주님이 찾아오시면 우리의 존재감은 사라지고 "사람이 무엇입니까?"(시 8:4)라고 겸손히 고백하게 될 것이다.

나는 주님이 처음 찾아오셨던 순간을 잊을 수 없다. 내키는 대로 행동하던 무지와 죄로 물든 밤이었다. 그분의 임재는 하늘에서 주님의 음성이 사도 바울에게 들렸을 때와 마찬가지의 효과를 발휘했다. 그로 인해 나는 높은 말에서 떨어져 바닥으로 굴렀다. 성령님의 눈부신 광채에 마음의 눈이 멀었고, 비통한 심정으로 "주여, 제게 무엇을 시키려고 하십니까?"라고 소리쳤다(행 9:6). 나는 주님을 배반하고 "박해"(행 9:5)하면서 온갖 악한 일을 저지른 느낌이 들었고, 그 것을 깨닫는 순간에 마음이 더없이 괴로웠다.

매우 철저히 살피시는 예수님의 시선 때문에 죄가 드러나게 되자 밖에 나가서 통곡하지 않을 수 없었다. 하나님이 아담을 찾아오셔서 벌거벗은 채 앞으로 나서라고 말씀하셨을 때처럼 나 자신의 의로움은 하나님 앞에서 완벽하게 벗겨졌다. 하지만 하나님의 임재는 거기서 끝나지 않았다. 하나님은 최초의 인간들에게 가죽옷을 입혀주셨듯이 위대한 희생이라는 의로움을 입혀주시고 그 밤에 노래하게 하셨다. 밤이었지만 꿈은 아니었다. 실제로 나는 그때 거기서 꿈을 꾸지 않았고 문제의 본질을 다루기 시작했다.

주님이 밤중에 당신을 처음 방문하실 때의 상황은 예수님이 베드로를 방문하실 당시와 똑같게 느껴질 것이다. 베드로는 밤새껏 그물과 씨름했지만 별다른 소득이 없었다. 하지만 베드로의 배를 찾아오신 주님이 깊은 곳으로 가서 그물을 내리라고 말씀하셨을 때, 그 배가 가라앉을 정도로 엄청나게 많은 물고기가 잡혔다. 베드로와 잡힌 물고기, 그리고 나머지 것들이 모두 물에 잠기기 전까지 멈추지 않았다. 그러자 베드로가 예수님의 발 앞에 엎드려 외쳤다. "주여 나를 떠나소서. 나는 죄인이로소이다"(눅 5:8). 예수님의 임재는 베드로가 감당할 수 없을 정도로 컸다. 자신이 무가치하게 느껴지자 그는 배처럼 가라앉았고 거룩한 주님을 피하게 되었다.

나 역시 그런 느낌이 생생하게 떠오른다. 사실 나는 거라사인 지방의 귀신 들린 사람처럼 외치고 싶었다. "지극히 높으신 하나님의 아들 예수여 나와 당신이 무슨 상관이 있나이까?"(막 5:7). 상처 입은 그리스도의 사랑을 처음으로 접하게 되자 압도될 것 같았고, 그런 기대 때문에 고통이 심해졌다. 구원하러 찾아오신 주님을 내가 죽였다는 사실을 깨달았기 때문이다. 나의 손으로 망치를 내리쳤고, 나의 손으로 주님의 손과 발을 잔인하게 나무에 못 박았다는 사실을 알게 되었다.

회개로 이어지는 장면은 다음과 같다. "그들이 그 찌른 바 그를 바라보고 그를 위하여 애통하기를 독자를 위하여 애통하듯 하며"(슥 12:10). 하나님이 찾아오시면 우리를 겸손하게 만드시고, 우리의 완고한 생각을 모두 몰아내시고, 우리를 구세주의 발 앞으로 인도하신다.

주님이 밤중에 우리를 처음 찾아오시는 방식은 주님이 밧모섬에 있던 요한을 방문하신 것과 비슷하다. 요한은 그 당시 상황을 이렇게 소개한다. "내가 볼 때에 그의 발 앞에 엎드러져 죽은 자같이 되매"(계 1:17). 그렇다. 그분의 죽음을 통해 우리의 죄가 없어지고, 우리의 죄책감이 사라졌다는 것을 깨닫기 시작할 때조차 결코 주님을 두 번 다시 바라볼 수 없을 것처럼 느껴진다. 누구보다 막역한 친구에게 너무나 잔인하게 굴었기 때문이다.

그러므로 우리가 다음과 같이 말한다고 해도 놀랄 것이 없다. "그분이 나를 용서하신 것이 사실이지만 나는 자신을 절대 용서할 수 없습니다. 그분이 나를 살리시고 그 안에 내가 거하고 있지만 그분의 선하심을 생각하면 그분의 발 앞에 죽은 자처럼 엎드리게 됩니다. 자랑이 죽었고, 자아가 죽었고, 그리고 나의 주님을 제외한 모든 바람 역시 죽었습니다." 이와 관련해서 윌리엄 카우퍼는 시를 통해 이렇게 노래했다.

그 사랑스러운 순간에
그분의 발 앞에 나아가게 되었고

그래서 나의 온갖 어리석음이

뿌리부터 잘려나갔네.

어리석음은 다른 어떤 곳보다 주님의 발 앞에서 더 효과적으로 제거된다. 주님은 처음처럼 우리를 다시 방문하셔서 소멸하는 불처럼 정금 같은 우리의 모습을 훼손시키는 불순물을 찾아내 제거하신다! '방문하다'라는 표현 때문에 짐을 꾸려 여행하는 사람을 떠올릴 수도 있다. 주님은 비슷한 방식으로 우리의 은밀한 일을 살피신다. 하지만 이 단어는 오히려 질병을 확인하고 치료하는 의사의 방문을 연상시킨다. 예수님은 처음에 이와 같은 방식으로 우리를 방문하셨다.

주님이 처음부터 당신을 자주 방문하시면 좋겠다. 이미 말했듯이 처음에 방문하실 때는 낱낱이 살피시지만 나중에는 달콤한 위로를 누리게 하신다. 우리 가운데는 특별히 밤에 그것을 경험하는 이가 많다. 그럴 때면 잠을 이루지 못했던 시간을 절로 헤아리게 된다. "이 세상이 닫히는 순간 하늘의 문이 열린다"라는 말을 들은 적이 있다. 조용한 밤에 사람들이 모두 돌아가고 일과가 끝나서 더는 할 일이 없을 때 주님이 가까이 다가오신다. 감당할 수 없는 고통을 겪거나, 아니면 머리가 지끈거리고 가슴을 진정하지 못할 수도 있다. 하지만 예수님이 찾아오시면 고달픈 잠자리가 영광의 보좌로 바뀐다.

"그러므로 여호와께서 그의 사랑하시는 자에게는 잠을 주시는도다"(시 127:2)라는 구절은 절대로 틀린 것이 아니다. 하지만 하나님은 그 순간에 잠보다 더 좋은 것, 즉 하나님의 임재와 그에 따른 충만한 기쁨을 주신다(시 16:11). 우리는 밤마다 침상에서 눈으로는 볼 수 없는 분을 만났다. 나 역시 그리스도께서 함께하신다는 것이 너무 기뻐 잠들고 싶지 않은 때가 있었다.

구원의 확신을 넘어서는
예수님의 나타나심

"주께서 내 마음을 시험하시고 밤에 내게 오시어서." 예수님은 분명히 자기 사람들을 방문하신다. 그분은 우리를 포기하시지 않는다. 우리 눈으로는 덤불이나 흐르는 강, 혹은 산이나 바다처럼 그분을 구체적으로 확인할 수 없지만 그래도 다녀가신다. 우리는 영으로 확인할 수 있고 가슴으로 느낄 수 있다. 그분은 여전히 우리의 벽 뒤에 서서 창살 틈으로 들여다보신다(아 2:9).

주님의 이런 모습을 어떻게 표현할 수 있을까? 당신이 직접 알지 못한다면 제대로 전달하기가 쉽지 않다. 당신이 임재에 따른 달콤함을 맛보지 못했다면 그것을 묘사한다고 해도 달콤함이 전달되지 않는다. 하지만 당신 앞에 달콤한 것이 있다면 맛을 보고 알 수 있다

(시 34:8). 태어날 때부터 앞을 못 보는 사람에게 시력은 상상 이상의 것이다. 마찬가지로 주님을 전혀 모르는 사람에게 그분의 임재는 이해의 한계를 크게 벗어나는 것이다.

구원에 관한 확신이 매우 즐겁고 누구라도 그것을 소유하지 않으면 만족할 수 없는 것이 사실이지만 주님의 방문은 그 이상이다. 예수님의 사랑을 아는 것은 중요한 일이지만 사랑하는 그분이 찾아오시는 것은 그 수준을 넘어선다.

임재는 단지 예수님을 깊이 있게 묵상하는 것이 아니다. 우리는 그분을 있는 그대로 장엄하게 묘사할 수는 있지만 의도적으로 찾아오시도록 만들 수는 없다. 묵상을 통해 예수님의 모습을 바라보는 것은 즐겁고 교훈적이지만 실제로 임재하시는 것은 그 이상의 무엇이다. 그분의 모습을 마음에 간직할 수는 있어도 임재를 경험하기 전에는 "주께서 내 마음을 시험하시고 밤에 내게 오시어서"라고 말할 수 없다.

우리는 현실적이고 영적인 예수님의 임재를 갈망한다. 가톨릭교회는 실제적 임재, 즉 주님의 물리적 임재를 자주 거론한다. 신부는 미사를 집례하면서 자신이 실제적인 임재를 믿는다고 말하지만 우리의 답변은 이렇다. "그렇지 않습니다. 당신은 육신에 의지해서 그리스도를 믿는 것이고, 그런 의미에서 예수님의 실제적인 임재는 오직 하늘에 존재할 뿐입니다. 하지만 우리는 영적이면서도 획일적이지 않은 예수님의 실제적인 임재를 흔들림 없이 믿습니다."

영적이라는 말은 비현실적이라는 뜻이 아니다. 나는 예수님이 진정으로, 그러면서도 실제로 그분께 속한 사람들에게 임재하신다고 믿는다. 나의 영혼이 실제로 그런 임재를 느끼고 있기 때문이다. 예수님은 직접 나를 찾아오셨다. 예수님이 육신으로 베들레헴과 갈보리를 찾아오신 것처럼 사람들이 교제하는 순간에 그분의 영이 방문하신다. 우리는 자신의 존재만큼이나 그분의 임재를 의식한다.

안식과 기쁨을 주는
예수 그리스도의 임재

주님이 밤에 찾아오시면 우리에게 무슨 일이 일어날까? 사랑의 교제를 통해 우리 마음과 주님의 마음이 만난다. 그 사귐은 처음에는 우리 영혼에 평안을, 이어서 안식과 즐거움을 안겨준다. 지금 나는 비정상적으로 황홀하게 만드는 어떤 정서적인 흥분 상태를 말하는 것이 아니다. 주님의 위대한 마음이 우리 마음과 접촉하면 우리 마음이 그분께로 나아가게 된다는 사실을 있는 그대로 설명할 뿐이다.

무엇보다 우리는 평안을 경험하게 된다. 전쟁은 모두 끝나고 성스러운 축복이 선포된다. 예수 그리스도로 인해 하나님의 평안이 우리의 생각과 마음을 지켜주신다(빌 4:7). 그 순간에 즐겁고 평안한 감정을 느끼게 된다. 우리는 모든 야심과 욕망을 내려놓는다. 하나님이 허락하신 고요함이 우리를 감싼다. 우리는 원수나 두려움, 고통이나 의심을 전혀 떠올리지 않는다. 우리 생각과 무관한 즐거움이 존재한다. 우리의 존재는 사라지고, 또 사라지게 될 것이다. 예수님이 전부이고 그분의 뜻이 우리 영혼에 활기를 불어넣는다. 아프거나 건강하거나, 부유하거나 가난하거나, 비방당하거나 존경받거나 오직 우리가 예수님의 사랑에 거하는 완벽한 만족을 누리게 된다. 예수님은 우리 존재의 지평을 채워주신다.

그 순간 놀라운 기쁨의 물결이 우리 마음을 뒤덮을 것이다. 우리는 두 번 다시 아침을 맞이하고 싶은 마음이 사라질 것이다. 햇살이 예수님의 임재를 알리는 놀라운 빛을 가리게 될까 봐 두렵기 때문이다. 우리는 사랑하는 분과 함께 "백합화 가운데에서" 먹이시는 곳으로 가고 싶을 것이다(아 2:16). 우리는 흰옷을 입은 큰 무리의 음성을 듣고 싶을 것이다(계 7:9-10). 그러면 우리는 영광스러운 분이 인도하시는 곳으로 따라갈 수 있다. 하늘과 땅이 먼 것이 아니라 한계가 분명한 우리 마음에 그 경계가 존재한다고 확신한다. 사랑하는 분이 한밤에 찾아오시면 우리의 침실은 그분의 궁전으로 들어가는 입구가 된다. 하늘이 땅에 내려오면 땅은 하늘로 솟아오른다.

이제 당신은 자신에게 이렇게 말할 수 있다. "이번처럼 즐거운 방문은 한 번도 없었어." 하지만 이제는 진정한 즐거움을 누릴 수 있다. 아버지가 아들을 사랑하시는 만큼 당신을 사랑하시면 그분과 더불어 지내는 시간을 갖게 될 것이다. 그러므로 주님이 당신을 부르시지 않으면 당신이 지혜롭게 그분을 청해야 한다. 큰소리로 다음과 같이 외쳐야 한다.

주여, 어느 때 저를 찾아오시겠습니까?
무엇보다 소중한 나의 주여, 오시옵소서.
가까이, 더 가까이, 더욱더 가까이 오시옵소서.
주님이 가까이 계실 때 기쁨을 누리게 됩니다.

"하나님이여 사슴이 시냇물을 찾기에 갈급함같이 내 영혼이 주를 찾기에 갈급하니이다"(시 42:1). 당신이 주님을 갈망하게 되면 주님은 그 이상으로 당신을 갈망하신다. 예수님이 죄인을 간절히 바라시는 것만큼 죄인들이 예수님을 간절히 바랄 수는 없다. 아무리 성인이라 해도 주님이 그를 바라보고 싶어 하는 마음에 전혀 미치지 못했다. 예수님께 달려가려고 마음먹는 순간에 그분은 이미 옆에 계신다. 지금도 주님이 당신과 함께하시므로 즐거워해야 한다.

해변에 계신 주님께로 가서 대화를 나누라. 그분은 자주 해안을 거니셨다. 감람나무 숲에 계신 분과 더불어 교제하라. 그곳은 주님이 간절히 기도하며 밤을 지새우신 아주 사랑스러운 곳이다. 당신의 마음을 그분께 맞추면 자주 찾아오실 것이다. 오래되지 않아 당신은 에녹처럼 매일 하나님과 동행하게 될 것이다. 그러면 하루하루가 안식일이 되고, 식사는 성찬식이 되고, 가정이 성전이 되고, 그리고 지상이 천국으로 바뀔 것이다. 모든 그리스도인에게 이와 같은 일이 이루어지기를 기도한다.

"내가 너희를 고아와 같이 버려두지 아니하고 너희에게로 오리라" (요 14:18).

P·a·r·t·02

:
:
:

예수로 사는
은혜를
경험하려면

예수님이 허락하신
그늘 안에 거하라

남자들 중에 나의 사랑하는 자는 수풀 가운데 사과나무 같구나. 내가 그 그늘에 앉아서 심히 기뻐하였고 그 열매는 내 입에 달았도다. 그가 나를 인도하여 잔칫집에 들어갔으니 그 사랑은 내 위에 깃발이로구나. 아가서 2:3-4.

아가서의 신부는 자신이 사랑하는 사람이 열매가 달린 나무와 같다는 것을 알고 있었다. 그래서 그의 그늘에 앉아 열매를 먹었다. 그녀는 그를 알았고, 그의 즐거움을 누렸다. 그러나 안타깝게도 우리는 예수님에 대해 적잖이 알면서도 그만큼 그분을 제대로 누리지 못한다. 우리의 경험은 지식과 속도를 맞춰야 한다. 그 경험의 내용은 주님이 실제적인 방식으로 허락하신 것이어야 한다.

진리를 완전하게 익힐 방법은 경험으로 배우는 것이다. 더 많은 것을 익힐 방법은 아는 것을 활용하는 것이다. 예수님이 그늘을 드리우시면 그 밑에 앉아보자. 예수님이 과일을 맺으시면 달콤함을 누려보자. 우리가 알고 있는 어떤 학설이 개인적으로 시험하고 검토해서 증명되면 의심은 완벽하게 사라진다. 신부의 믿음은 다음과 같다. "나는 사랑하는 이가 그늘을 드리울 것을 확신한다. 내가 그 아래 앉아보았기 때문이다. 또한 나는 그가 달콤한 열매를 맺는다는 것을 알고 있다. 내가 맛을 보았기 때문이다."

그리스도의 구원 능력을 입증할 수 있는 최고의 방법은 그분을 신뢰하고 직접 구원받는 것이다. 거룩한 신앙의 진리를 확신하는 모든 이 가운데 하나님의 능력을 직접 느끼는 이들만큼 확신에 찬 사람은 아무도 없다. 당신은 복음에 관한 믿음을 논리적으로 생각해낼 수 있고, 그렇게 추론을 계속함으로써 종교적 규범을 엄격하게 유지할 수 있다. 하지만 개인적인 실천과 진리에 관한 내적인 지식은 무엇과도 비교할 수 없을 정도로 좋은 증거가 된다. 예수님이 나무들 사이에 있는 사과나무와 같다면 그분을 멀리할 것이 아니라 그분의 그늘에 앉아 열매를 맛보아야 한다. 그분은 구세주이시므로 이 사실을 믿기 전까지 구원은 없다. 당신이 예수님을 아는 만큼 그분을 활용해야 한다. 이것은 당연한 상식이다!

더욱이 우리는 예수님을 언제나 자유롭게 활용할 수 있다. 그늘과 열매를 한꺼번에 즐길 수 있다. 한없이 겸손하신 예수님은 불쌍한 영혼들을 위해 존재하신다. 다시 한번 강조한다! 이것은 과감한 주장이기는 하지만 사실이다. 우리 주 예수 그리스도는 그분을 따르는 사람들을 위해 존재하신다. 의사가 치료하기 위해 살아가듯이 우리의 구세주는 구원하시기 위해 존재한다.

선한 목자는 자기 양을 위해 사셨고 죽음을 겪으셨다. 주님이 우리를 그분의 가슴으로 감싸시면 우리는 권위 있는 그분의 모든 위치, 그분의 모든 명예, 그분의 모든 성격적 특징, 그분이 행하신 모든 일, 그리고 그분이 앞으로 하실 모든 일에 긴밀하게 참여할 수 있다. 죄인들의 친구는 죄인을 위해 사신다. 죄인은 그분을 소유하고 그분이 최선을 다해 마련한 것을 누릴 수 있다. 그분은 우리가 들이마시는 공기처럼 자유롭다. 목마른 사람이 마실 수 없다면 샘이 어째서 필요할까? 폭풍에 흔들리는 배가 피난처를 찾을 수 없다면 항구가 어째서 필요할까? 우리 같은 불쌍한 죄인들이 다가가서 살펴보고 거처하고, 나중에는 그 풍성함 덕분에 필요한 모든 것을 누릴 수 없다면 예수님이 어째서 필요할까?

이처럼 문은 우리를 향해 열려 있다. 그러므로 우리는 안으로 들어가기 위해 성령님께 도움을 구하는 기도를 드려야 한다. 이 글에서 나는 당신이 다음의 두 가지를 넉넉히 누릴 수 있다는 사실을 알려주고 싶다. 첫째는 예수님 안에서 누리는 마음의 휴식이다. "내가 그 그늘에 앉아서 심히 기뻐하였고." 둘째는 예수님 안에서 달콤한 축복을 느끼는 것이다. "그 열매는 내 입에 달았도다."

예수님 안에서 누리는
마음의 휴식

"내가 그 그늘에 앉아서 심히 기뻐하였고 그 열매는 내 입에 달았도다"라고 말한 사람의 특징을 살펴보자. 그녀는 피곤한 여행이 무엇을 의미하는지 경험으로 알고 있다. 그래서 그녀는 휴식을 소중하게 여겼다. 노동을 한 번도 해보지 않은 사람은 결코 휴식의 달콤함을 알지 못함을 기억할 필요가 있다. 자신의 노력으로 빵도 먹어보지 못하고, 달콤한 꿀 한 방울도 맛보지 못한 게으름뱅이 역시 휴식이 어울리지 않을뿐더러 그것이 무엇인지 알 수 없다. 반대로 우리가 아주 먼 거리를 힘겹게 걸어 마침내 편하게 앉을 수 있는 그늘진 곳에 도달할 때 기쁨이 넘쳐난다.

무엇보다 소중한 휴식

여인은 사랑하는 이를 찾아다녔고 어디에서 그를 만날 수 있는지 물어보았다. "내 마음으로 사랑하는 자야 네가 양 치는 곳과 정오에 쉬게 하는 곳을 내게 말하라. 내가 네 친구의 양 떼 곁에서 어찌 얼굴을 가린 자같이 되랴"(아 1:7). 그녀는 곧 대답을 들었다. "양 떼의 발자취를 따라가라"(아 1:8). 길을 가던 그녀는 얼마 뒤에 이렇게 결심했다. "내가 그늘 아래 앉을 것이다."

우리는 대부분 평안을 찾느라 심한 고생을 했다. 어떤 사람은 종교의식에 참여하고 그것을 의지하고 목회자의 도움을 받다가 오히려 마음의 상처가 깊어졌다. 또 다른 사람은 안식을 누리려고 여러 가지 사상을 추구했지만 이리저리 흔들리기만 했을 뿐 이론이 들끓는 바다에서 휴식할 곳을 찾지 못했다.

그런데도 우리 가운데 일부는 양심의 위안을 얻을 목적으로 선행을 실천했다. 기도의 횟수를 늘렸다. 한없이 눈물을 흘렸다. 가난한 사람을 돕거나 그와 비슷한 자선을 하면서 어떤 대가가 돌아올지도 모른다고 기대했다. 그리고 하나님이 그 마음을 받아주셔서 평안을 누리게 될지 모른다고 기대했다. 요나와 함께 배를 탄 사내들이 배를 뭍에 대려고 노를 저었듯이 우리도 적잖게 노력했지만 그럴 수 없었다. "바다가 점점 흉용"(욘 1:11)해졌기 때문이다. 여전히 그 길을 벗어날 수 없었고, 그래서 우리는 또 다른 방법, 즉 예수님 안에서 안식을 누리는 쪽을 택하게 되었다.

내가 죄의식에서 헤어 나오지 못하던 순간이 떠오른다. 그 당시 나는 평안을 누리려고 전력을 다했지만 하늘 아래 어디에서도 찾지 못했다. 하지만 죄의 대속물로 나무에 달리신 분을 바라보았을 때 나의 마음은 '그늘에 앉아서 심히 기뻐' 했다. 나는 이렇게 생각하기 시작했다.

"예수님이 나를 대신해서 고난을 받으셨을까? 그러면 나는 심판을 받지 않을 것이다. 그분이 나의 죄를 담당하셨을까? 그렇다면 죄는 나와 무관하다. 하나님은 자신의 아들을 대속물로 받아들이셨을까? 그렇다면 그분은 절대 나를 해치지 않으실 것이다. 하나님은 예수님을 나의 희생으로 간주하셨을까? 그렇다면 주님으로 만족했기에 분명히 만족하실 것이다. 그러므로 나는 더는 헤매지 않을 것이다. 나는 그늘에 앉아 즐거운 휴식을 누릴 것이다."

예수님의 희생이 허락하신 그늘

"내가 그 그늘에 앉아서 심히 기뻐하였고"라고 말한 여인은 그 그늘에 감사했다. 햇볕에 그을렸기 때문이다. 그녀는 그늘에 앉기 전까지 다음과 같이 탄식했다. "내가 햇볕에 쬐어서 거무스름할지라도 흘겨보지 말 것은"(아 1:6). 그녀는 열기의 의미를, 뜨거운 태양의 의미를 알고 있었다. 그래서 그늘을 기뻐했다.

매우 무더운 지역을 여행하기 전까지는 그늘의 소중함을 알지 못한다. 여행을 해보면 감사하게 될 것이다. 당신은 하나님의 분노 열기를 겪어 본 적이 있는가? 당신은 거대한 태양, 즉 "변함도 없으시고 회전하는 그림자도"(약 1:17) 없으신 태양에서 나오는 더없이 뜨거운 빛, 거룩함과 정의의 빛을 쬐어 본 적이 있는가? 엄청난 빛 때문에 시들어서 "우리는 주의 노에 소멸되며"(시 90:7)라고 말한 적이 있는가? 그런 느낌을 경험한 적이 있다면 구속을 위한 예수님의 희생이 허락한 그늘에 들어가는 것이 엄청난 축복임을 알 것이다.

당신이 알고 있듯이 그늘이란 빛이나 열기와 우리 사이에 무엇인가 자리잡을 때 만들어진다. 말로 표현할 수 없을 정도로 고귀한 주님의 몸이 우리와 하나님의 강렬한 정의의 태양 사이에 들어오심으로써 우리는 그분의 중재라는 그늘을 즐겁게 누리게 되었다.

그리고 이제는 그 어떤 태양이 강하게 내리쬘지라도 주님께 달려갈 수 있다. 가정이나 일터에서 어려움에 짓눌리거나, 사탄의 시험을 받거나, 아니면 내적 타락 때문에 길을 잃을지라도 급히 예수님의 그늘로 달려가 그분께 몸을 숨기고 아주 즐겁게 시원한 휴식을 누릴 수 있다. 복되신 우리 주님이 하나님의 분노를 감당하셨기 때문에 우리는 내적 평안을 발견할 수 있다. 태양은 우리를 어쩌지 못한다. 주님이 이미 겪으셨기 때문이다. 우리의 문제들은 더는 우리를 괴롭힐 수 없다. 주님이 문제들을 담당하시고, 그리고 우리가 그것들을 그분의 손에 맡겼기 때문이다. "내가 그 그늘에 앉아서 심히 기뻐하였고."

우리는 아가서에 등장하는 여인과 관련된 두 가지 사실에 주목해야 한다. 그녀는 지치는 것이 무엇인지, 그리고 햇볕에 그을리는 것이 무엇인지 알고 있었다. 당신이 이 두 가지 사실을 아는 만큼 그 정도에 비례해 예수님을 달리 평가하게 될 것이다. 하나님의 분노 때문에 어려움을 겪어 보지 않았다면 절대 구세주를 높이 평가하지 않을 것이다. 개울이나 강이 많은 지역에서는 물이 그리 귀하지 않겠지만 뜨거운 모래사막을 온종일 걷는다면 시원한 물 한 잔은 말로 표현할 수 없을 정도의 가치를 갖게 될 것이다. 마찬가지로 목마른 영혼에게는 예수님이 소중하지만 다른 사람에게는 그렇지 않다.

안락한 사랑의 그늘

여인이 편안하고 즐겁게 자리에 앉아 있을 때 그늘이 그녀를 가렸다. 그녀는 이렇게 말했다. "내가 그 그늘에 앉아서." 나는 사랑스러운 우리 주님이 그늘로 가려주실 때의 기분보다 더 즐거운 마음 상태를 알지 못한다. 나는 죄로 까맣게 탔지만 그분의 보혈이 나의 죄를 가리고 영원히 감춰주셨다. 나의 본래 상태는 하나님의 원수에게 속해 있었지만 보혈로 하나님과 화해하게 해주신 그분은 예전에 내가 원수와 친구로 지내면서 누리던 즐거움을 이제는 기억하지 못할 정도로 가려주셨다.

나는 아주 약하지만 주님은 강하시다. 그분의 능력이 나의 무능함을 가려주신다. 나는 몹시 가난하지만 그분은 우주를 모두 소유하고 계시기에 나의 가난을 가려주신다. 나는 말할 수 없이 무가치하지만 그분은 달라서 그분의 이름을 사용하면 나는 당연하다는 듯이 소중하게 간주된다. 실제로 그분의 소중함은 나의 무익함을 가려주신다.

이런 사실을 다른 방식으로 표현하고 말하는 것은 중요하다. "나에게 선한 것이 있더라도 주님과 비교하면 아무것도 아닙니다. 그분의 선하심이 그것을 압도하고 가리기 때문입니다." 주님을 사랑한다고 고백할 수 있을까? 물론이다. 하지만 나는 감히 그것을 사랑이라고 부를 수 없다. 그분의 사랑이 그것을 가리기 때문이다. 내가 그분을 섬기고 있다고 생각할 수 있을까? 그러고 싶지만 그분이 나를 대하시는 것과 비교해보면 나의 보잘것없는 섬김은 언급할 가치조차도 없다. 내가 조금이라도 거룩하다고 생각할 수 있을까? 그분의 영이 나의 안에서 역사하고 계심을 부인할 수 없지만 그분의 흠 없는 삶과 그분의 모든 거룩한 모습을 떠올리면 나는 어디에 있을까? 나는 어떤 모습일까?

때로 당신도 이렇게 느낀 적이 있는가? 아무것도 아닌 것처럼 생각될 정도로 주님이 가려주심으로 그분 안에 숨은 적이 있는가? 나는 주님께 영광이 된다면 가난하게 죽어도 괜찮은 것이 어떤 기분인지 알고 있다. 사람들이 나를 욕하는 것을 좋아할 수도 있겠지만(눅 6:22), 언젠가 주님의 사랑스러운 이름이 하늘에 별로 기록될 텐데 그런다고 해서 무엇이 달라질까? 주님이 나를 그늘로 가리시게 하자. 나는 그렇게 될 수밖에 없음을 즐거워한다.

더할 수 없는 영적 즐거움

아가서의 여인은 그늘에 들어서자 큰 즐거움을 느꼈다고 했다. 자신에게만 초점을 맞추면 절대 즐거움을 누리지 못한다. 자신보다 위대한 것을 인정하는 것이 쉽지 않기 때문이다. 하지만 겸손한 그리스도인이라면 주님의 그늘에 들어가는 것을 즐거워할 것이다. 예수님의 그늘에서 우리는 자신의 헛된 빛보다 더 큰 즐거움을 누린다. 여인은 커다란 즐거움을 누렸다. 나는 당신이 그리스도인으로서 그런 커다란 즐거움을 누리고 있다고 믿는다. 그렇지 않다면 당신이 진정으로 하나님께 속해 있는지 자문해보아야 한다.

나는 밝은 표정을 보고 싶다. 그리고 하나님의 성도라는 사람들의 마음에 기쁨이 가득한 음성을 듣고 싶다. 신앙과 우울한 모습은 하나이고 같을 뿐만 아니라 결코 분리될 수 없다고 생각하는 사람들이 있다. 그들은 주일에는 커튼을 치고 방을 어둡게 해야 한다고 생각한다. 그리고 아름다운 정원이나 활짝 핀 장미를 갖고 있더라도 그런 아름다움이 존재함을 잊으려고 노력해야 한다고 생각한다. 그들은 이렇게 말한다. "성경을 옆구리에 낀 채 처벌받는 장소로 행진하는 것 같은 자세로 슬퍼하면서 예배 장소로 느릿느릿 걸어가야 한다. 최대한 비참한 모습으로 하나님을 섬겨야 하지 않을까?"

원한다면 그렇게 행동할 수도 있겠지만 마음을 즐겁게 하고 영혼에 불을 붙임으로 열정과 즐거움을 가득 채우는 신앙을 보여달라. 그것이 하늘나라의 신앙이고 영감으로 기록된 아가서에 등장하는 신부의 경험과 일치하기 때문이다.

우리는 즐거움의 의미를 안다고 생각하지만 자리에 앉아 참으로 즐기고 있다고 말할 정도인지는 의심스럽다. 당신은 예수님의 발 앞에 앉을 정도로 넉넉히 시간을 보내는가? 기쁨의 자리인 그곳에 머물고 있는가? 그분의 그늘에 앉아야 한다. 어떤 사람은 "시간이 없다"라고 탄식한다. 잠시라도 시간을 내기 위해 노력해야 한다. 다른 방식으로 불가능하다면 잠을 줄여야 한다. 조용한 시간을 가져야 한다.

어떤 사람이 아내와 단 5분도 함께 지내지 못한 채 늘 힘들게 일만 해야 한다면 정말 불행할 것이다. 노예생활과 다를 바 없지 않을까? 정말 우리는 사랑하는 주님과 교제의 시간을 가질 수 없을까? 우리는 어떤 식으로든지 매일 조금씩 시간을 내서 그분의 그늘에 아주 즐겁게 앉아 있을 수 있다.

나는 자신을 위해 성경을 읽다가도 대개는 설교 본문과 강단에서 해야 할 말을 생각하기 시작한다. 하지만 그런 생각을 떨쳐 내고 강단에서의 일을 잊어야만 직접 주님의 발 앞에 앉을 수 있다. 주님의 그늘에 들어가면 정말 즐겁다. 그분이 우리와 가까운 곳에 계시고 우리는 그것을 알고 있다. 그분의 사랑스러운 임재는 두 눈으로 보듯이 선명하다. 그분의 영향력이 우리를 감싸기 때문이다.

이따금 예수님이 내가 있는 쪽을 향해 몸을 기울이시는 것 같은 느낌이 들곤 한다. 마치 친구가 어깨 너머로 바라보는 것 같다. 그분의 시원한 그늘이 나를 덮으면 마음이 차분해진다. 만일 당신이 가족 때문에 어려움을 겪거나, 교회 때문에 골치가 아프거나, 혹은 자신에게 실망했을지라도 주님을 만난 곳에서 내려오면 삶이라는 전쟁을 감당하고 어려움과 시험에 맞설 준비가 된 느낌이 들 것이다. 주님을 만났기 때문이다. 신부는 이렇게 말했다. "내가 그 그늘에 앉아서 심히 기뻐하였고." 그녀는 그 기쁨이 얼마나 컸는지 말할 수 없었지만 그것에 사로잡힌 사람처럼 행복에 겨워 조용히 앉아 있어야 했다.

나는 그리스도인의 은밀한 즐거움을 자주 입에 올리지 않는다. 말뜻을 이해 못 하는 사람들이 항상 있기 때문이다. 그렇다고 할지라도 감히 이렇게 말하지 않을 수 없다. 세상 사람들이 그리스도인들의 은밀한 기쁨을 헤아릴 수만 있어도 우리와 더불어 그것을 목격할 수 있을 것이다.

우리는 어려움을 겪는다. 우리는 그것을 인정하고 예상할 수 있다. 하지만 동시에 우리는 풍성한 기쁨 역시 누리고 있다. 당신은 이것의 의미를 알고 있지 않은가? 홀로 하늘나라의 신랑과 함께 지냈을 때 당신은 어떤 자격도 없는 자신에게 베푸신 그리스도의 달콤한 사랑을 자랑하고 싶었다. 황금 하프로 연주하는 신비로운 곡까지 가르쳐주고 싶었다. 천사들이라 해도 우리가 알고 있는 하나님 은총의 높이와 깊이를 알지 못하기 때문이다.

아가서의 신부는 너무나도 기뻤다. 우리는 그녀가 다음 한 가지 이유로 그랬다는 것을 알고 있다. 즉 그녀는 그 경험을 잊지 않은 것이다. 그녀의 고백과 아가서의 전체 내용은 그녀가 누린 것에 관한 회상이다. 그녀는 말했다. "내가 그 그늘에 앉아서." 그것은 한 달 전이나 몇 해 전에 겪은 것일 수도 있지만 그녀는 잊어버리지 않았다. 하나님과의 교제를 통해 얻은 기쁨이 대리석에 기록되었다. 예수 그리스도와 함께 지낸 기억이 영원한 동판에 새겨졌다.

사도 바울은 "내가 그리스도 안에 있는 한 사람을 아노니 그는 십사 년 전에"(고후 12:2)라고 말했다. 참으로 그것은 그토록 오랜 세월 동안 기억할 만한 가치가 있었다. 그는 즐거움을 입 밖으로 꺼내지 않았지만 잘 간직하고 있었다. 그는 말했다. "내가 그리스도 안에 있는 한 사람을 아노니 그는 십사 년 전에 셋째 하늘에 이끌려 간 자라(그가 몸 안에 있었는지 몸 밖에 있었는지 나는 모르거니와 하나님은 아시느니라)"(고후 12:2). 그의 즐거움은 이처럼 대단했다.

뒤돌아보면 우리는 세상의 방식으로 보낸 생일, 휴일, 그리고 밤은 잊어버리지만 사랑하는 이와 함께 지낸 순간만큼은 쉽게 떠올린다. 우리는 변화산, 영광스러운 예수님과 함께 보낸 순간, 그리고 베드로처럼 "그와 함께 거룩한 산에 있을 때"(벧후 1:18)를 기억한다. 우리는 주님의 가슴에 머리를 기댔다(요 13:23). 우리는 그 강렬한 즐거움을 절대 잊을 수 없다. 다른 이들에게 도움이 되도록 우리가 누린 즐거움을 기록으로 남기는 것도 불가능하다.

이 모든 것이 얼마나 아름답게 느껴지는지 모른다. 나무 한 그루가 있었고 신부가 그늘에 앉아 있었다. 긴장이나 격식은 찾아볼 수 없다. 진정한 경건은 언제나 상식과 일치해야 한다. 그것은 무엇보다 적절하고, 무엇보다 잘 어울리고, 무엇보다 지혜롭고, 그리고 무엇보다 자연스럽다. 우리는 그리스도를 누릴 수 있다. 그런 특권을 외면하지 말자.

예수님 안에서 맛보는
달콤한 축복

이제 잠시 예수님 안에서 누리는 달콤한 축복을 살펴보자. "그 열매는 내 입에 달았도다." 나는 이것을 완벽하게 설명할 수 없지만 당신이 나중에 이해할 수 있는 몇 가지 생각을 소개하려고 한다.

아가서의 신부는 처음 나무 그늘에 앉기 전까지는 그 열매를 먹지 않았다. 당신이 예수님을 신뢰하기 전까지는 그분의 놀라운 일들을 알 방법이 없다. 그늘 밖에 있는 이들에게는 단 한 개의 사과도 떨어지지 않을 것이다. 오직 예수님께 다가가 신뢰하면 예수님 안에 존재하는 모든 것을 누리게 될 것이다. 불신자들은 중요한 것을 놓치고 있다. 그분의 그늘에 앉기만 하면 모든 것을 얻게 될 것이다. 그렇지 않다면 예수님이 베푸시는 선한 것이 당신의 몫이 될 수 없다.

신부가 그늘에 들어서자마자 열매는 모두 그녀의 것이 되었다. 그녀는 "내가 그 그늘에 앉아서"라고 말한 다음 계속해서 "그 열매는 내 입에 달았도다"라고 했다. 당신은 예수님을 믿는가? 그렇다면 예수 그리스도는 당신의 것이다. 그리고 만일 당신이 나무를 소유하고 있다면 열매를 아주 넉넉히 먹을 수 있다. 그분이 당신의 소유가 되기를 자청하셨기 때문에 그분으로 인한 구속과 용서, 그분의 살아 있는 능력, 그분의 강력한 중보, 그분의 영광스러운 재림, 그리고 그분께 속한 모든 것이 개인적으로 삶 속에서 활용하고 누릴 수 있도록 당신에게 주어진다.

"다 너희 것임이라"(고전 3:21). 예수님이 우리의 소유이기 때문이다. 아가서의 신부를 본받으려고 노력하기만 하면 된다. 그녀는 열매가 자신의 것임을 깨닫자 바로 먹었다. 우리는 이 행동을 그대로 본받아야 한다. 대부분의 성도들이 범하는 커다란 잘못은 자신들에게 주어진 언약을 인정하지 않고 그것을 먹지 않는 것이다. 그들의 잘못을 반복해서는 안 된다. 당신은 그늘에서 열매를 먹을 수 있는 권리를 지니고 있다. 당신을 위한 거룩한 양식을 거부해서는 안 된다.

수고할 필요가 없다.

이제 성경에서 확인한 것처럼 아가서의 신부는 별다른 노력 없이 이 열매를 얻었음을 분명히 알았을 것이다. 영국의 신학자이자 작가인 토머스 풀러는 다음과 같은 글을 남겼다. "열매를 먹고 싶은 사람은 나무에 올라가야 한다." 하지만 신부는 나무에 오르는 대신 이렇게 말했다. "내가 그 그늘에 앉아서."

내가 보기에는 열매가 그냥 그녀에게 떨어진 것 같다. 우리에게도 그런 일이 일어날 것이다. 우리는 더 이상 "양식이 아닌 것을 위하여 은을 달아주며 배부르게 하지 못할 것을 위하여 수고"(사 55:2)

할 필요가 없다. 그저 주님의 그늘에 앉아 좋은 것을 먹고 우리의 영혼이 달콤함을 누리기만 하면 된다. 당신이 그리스도인이라면 십자가 아래에 앉아 믿음의 고요한 평안을 누리라. 그리하면 넉넉히 먹을 것이다.

신부는 먹으면서 휴식했다. 그녀는 자리에 앉아서 먹었다. 그러므로 당신 역시 예수님을 먹으면서 휴식해야 한다. 신부는 앉아서 먹었다고 했다. 앞장에서 그녀는 임금이 자기 식탁에 앉았다고 말했다(아 1:12). 교회가 그녀의 주인과 얼마나 비슷한지, 성도가 그녀의 구원자와 얼마나 비슷한지 살펴보라! 임금이 그랬듯이 우리 역시 자리에 앉아서 먹어야 한다. 그분의 기쁨이 우리 안에 있고(요 15:11), 그분의 평안이 우리 마음과 생각을 지켜준다(빌 4:7).

더할 수 없이 만족스러운 맛

신부가 열매를 먹으면서 즐거워한 것에 주목해야 한다. 모든 열매가 입맛에 맞는 것은 아니다. 어떤 것이든지 간에 맛 때문에 다른 사람과 다퉈서는 안 된다. 합의할 수 없기 때문이다. 한 사람에게 더없이 맛있는 후식도 다른 사람에게는 역겨울 수 있다. 어떤 과일이 다른 것들보다 더 좋은지 경쟁할 때 과일의 종류만큼이나 다양한 선택이 가능할 것이다. 하지만 예수 그리스도를 좋아하는 사람은 특별한 축복을 받은 것이다!

당신에게도 그분이 달콤한가? 그렇다면 그분은 당신의 입맛에 맞는 것이다. 예수님이 마음에 들지 않는다면 예수님의 달콤함을 누리는 것이 불가능하다. 당신이 그분을 먹고 그분이 당신의 입맛에 맞는다면 계속해서 즐기라. 달콤한 맛을 허락한 그분이 직접 당신의 입맛을 충족시키시기 때문이다.

그러면 예수님에게서 어떤 열매를 얻을 수 있을까? 하나님과의 평화, 마음의 변화, 성령님을 통한 즐거움, 하나님의 자녀에 대한 사랑이 아닐까? 중생, 칭의, 성화, 양자 됨, 그리고 은혜의 계약에 따른 모든 축복이 아닐까? 그 모든 것이 우리 각자, 그리고 모두의 입맛에 맞지 않을까? 우리는 그것을 먹고 나서 이렇게 말하지 않을까? "그렇다. 이것들은 정말 맛있다. 이것들과 비슷한 것은 존재하지 않는다. 영원히 이것들을 먹고 살자."

그러므로 자리에 앉아, 반드시 자리에 앉아 먹어야 한다. 우리가 사람들에게 이렇게 행동하도록 설득해야 한다는 것이 다소 낯설게 느껴질 수도 있다. 영적 세계에서 벌어지는 일은 세상에서의 그것과 사뭇 다르다. 당신이 만일 대부분의 사람 앞에 먹음직스러운 스테이크와 포크와 나이프를 차려주면 굳이 먹으라고 설득할 필요가 없을 것이다. 하지만 그들은 배가 부르면 먹지 않을 것이다. 배가 고파야 먹을 것이다.

마찬가지로 당신의 영혼이 구세주 예수님을 갈망하느라 지쳤다면 그분을 누리게 될 것이다. 하지만 그렇지 않다면 당신을 상대로 이렇게 글을 쓰는 것이 무의미하다. 거기, 그분의 그늘에 앉아 있는 당신은 이런 말을 들을지 모른다. "내 친구여, 풍족히 먹고 마셔라." 하지만 그늘 밖의 사람들은 이렇게 좋은 것을 맛볼 수 없다. 예수님을 많이 누리면 누릴수록 더 좋은 그리스도인이다.

예수님, 우리의 모든 것

우리는 신부가 생명의 나무에서 얻은 열매를 즐겁게 누렸다는 것을 알고 있다. 나중에 더 많은 것을 바랐기 때문이다. "그가 나를 인도하여 잔칫집에 들어갔으니 그 사랑은 내 위에 깃발이로구나"(아 2:4). 그녀는 자기 주인에 대한 첫사랑, 전원에 대한 사랑, 소박한 것에 대한 사랑을 소개하고 있다. 그녀는 숲에 가서 사과나무와 같은 그를 발견했고 전원에서 잘 익은 사과 같은 그를 누렸다. 하지만 그녀는 은혜 안에서 성장하며 주인에 대해 더 많은 것을 알게 되었고 무엇보다 자신이 누구보다 사랑하는 사람이 임금이라는 사실을 알게 되었다.

나는 아가서의 신부가 재림의 교리를 배웠다고 할지라도 전혀 놀라지 않을 것이다. 계속해서 이렇게 노래했기 때문이다. "그가 나를 인도하여 잔칫집에 들어갔으니." 그녀가 말하는 바 핵심은 이렇다. "그분은 들에서 자신이 겸손한 그리스도라는 것을 내게 일러주셨을 뿐 아니라 왕궁으로 나를 데려갔습니다. 더욱이 그분은 임금다운 복장을 갖추고 깃발을 가져와서 식탁에 앉아 있는 동안 그것을 흔드셨습니다. 깃발에는 사랑이 새겨져 있었습니다."

그녀는 점차 이것에 눌리기 시작했다. 위대한 구세주, 승리의 구세주, 고귀한 구세주를 발견하는 것은 정말 대단한 일이다! 하지만 그녀에게는 이것이 너무 부담스러웠고, 그래서 그녀의 영혼은 자신이 접한 지나치게 영광스러운 일 때문에 병에 걸리고 말았다. 당신은 그녀가 진심으로 바라던 것이 무엇인지 알고 있는가? 그녀는 처음에 느꼈던 소박한 즐거움, 그것이 주는 그대로의 기쁨을 갈망했다. "사과로 나를 시원하게 하라"(아 2:5). 지나간 즐거움만이 그녀의 기운을 되살릴 수 있었다.

당신도 이런 기분을 느껴본 적이 있는가? 나는 영광스러운 자리에 오르신 구세주인 예수 그리스도의 사랑을 지나치게 탐닉한 적이 있다. 그분이 백마를 타고 정복하러 나가시는 모습을 목격했을 때였다(계 6:2). 나는 그분이 보좌에 앉아 계시는 것을 보고 압도당했다. 빛나는 모든 천사의 무리가 그분을 찬송하고 있었다(계 5:11-13). 나는 하나님이 더할 수 없이 영광스럽게 내려오셔서 그분의 무한히 위대한 영광 앞에서 모든 왕과 귀족이 무색해질 순간을 기대했다(계 19:11-15).

그러다가 주님을 보고 쓰러져서 "죽은 자같이"(계 1:17) 되었다. 누군가 찾아와서 그분이 나를 구원하려고 죽으셨던 '아주 오래된 이야기'를 들려주면 좋을 것 같았다. 이처럼 그분의 보좌는 압도적이다. 나는 그저 그분의 십자가에서 열매를 얻고 싶다. '그 나무'에서 다시 사과를 가져오라. 나는 궁전에서 위엄에 사로잡혀 있다. 다시 숲으로 돌아가고 싶다.

나는 나무에서 딴 사과를 받고 싶다. 이런 사과를 받고 싶다. "수고하고 무거운 짐 진 자들아 다 내게로 오라. 내가 너희를 쉬게 하리라"(마 11:28). 아니면 이것도 괜찮다. "이 사람이 죄인을 영접하고"(눅 15:2). 언약의 바구니에서 약속 하나를 받고 싶다. 예수님이 사과나무라면 아이로 돌아가서 사과를 먹고 싶다. 내가 있는 곳에서 예수님의 죽음, 그늘을 드리우시는 예수님, 먹을 것을 주시는 예수님을 기쁘게 묵상할 것이다. 이것이 바로 가장 행복한 삶의 모습이다. 주님, 이런 사과들을 영원히 주소서!

당신은 떠돌이 장사꾼 잭에 대한 오래된 이야기를 기억할 것이다. 그는 이렇게 노래하곤 했다.

나는 불쌍한 죄인이고 아무것도 아닙니다.
하지만 예수 그리스도는 나의 전부이십니다.

잭을 아는 사람들은 그가 언제나 태평한 것에 놀랐다. 사람들은 의심하고 두려워하면서 세상을 살았기 때문에 잭이 어째서 의심하지 않는지 그 이유를 물었다. 잭은 이렇게 대답했다.

"내가 불쌍한 죄인이고 아무것도 아니라는 것을 의심하지 않습니다. 그것을 알고 있고 하루도 거르지 않고 그것을 느끼기 때문입니다. 그렇다면 예수 그리스도께서 나의 전부이심을 어째서 의심해야 합니까? 그분이 그렇다고 말씀하시는데 말입니다.”

한 사람이 말했다.

“나는 그럴 때도 있고 그렇지 않을 때도 있다네.”

잭이 대답했다.

“나는 절대 자랑하지 않으며 그럴 수도 없습니다. 나는 불쌍한 죄인이고 아무것도 아니기 때문입니다. 그렇다고 낮아질 수도 없습니다. 예수 그리스도께서 나의 전부이시기 때문입니다.”

잭이 교회에 참석하고 싶어 하자 사람들이 영적 경험을 고백해야 한다고 말했다. 잭이 말했다.

“나의 경험은 내가 불쌍한 죄인이며 아무것도 아니라는 사실과 예수 그리스도께서 나의 전부가 되신다는 것뿐입니다.”

사람들이 말했다.

“자네가 예배 전에 찾아오면 목사가 질문을 할 걸세.”

잭이 대답했다.

“어쩔 수 없지요. 알고 있는 모든 것을 말할 것입니다. 그렇지만 내가 아는 것은 이것뿐입니다. 나는 불쌍한 죄인이고 아무것도 아닙니다. 하지만 예수 그리스도는 나의 전부이십니다.”

잭은 예배에 참석했고 계속해서 거룩한 삶을 살았지만 경험의 핵심은 달라지지 않았고, 그것을 벗어날 수도 없었다.

어느 형제가 말했다.

“그런데 가끔 나는 행복에 겨울 정도로 은총을 아주 넉넉히 누리고 성화 된 것 같은 느낌이 듭니다."

잭이 대답했다.

"나는 절대 그렇지 않습니다. 나는 불쌍한 죄인이고 아무것도 아닙니다."

다른 사람이 말했다.

"하지만 때로는 다시 가라앉아 내가 구원받지 못했다고 생각하게 된다네. 과거처럼 거룩하지 않기 때문이지."

잭이 말했다.

"하지만 나는 나의 구원을 절대 의심하지 않습니다. 예수 그리스도께서 나의 모든 것이 되시고 그분은 절대 변하시지 않기 때문입니다."

이 간단한 이야기는 큰 교훈을 담고 있다. 이 이야기는 구원에 관한 한 사내의 단순한 믿음을 소개한다. 이 사람은 사과나무 그늘에서 휴식을 취하고 열매를 먹는 영혼의 모범이다.

나는 당신이 지금 예수님을 임금이 아닌 사과나무로 받아들였으면 좋겠다. 그리고 당신이 그렇게 하기로 했다면 그분의 그늘에 앉을 수 있기를 기도한다. 그리 어려운 일은 아니다. 어떤 아이든지 날씨가 무더우면 그늘에 앉기 마련이다. 계속해서 나는 당신이 예수님을 누릴 수 있으면 좋겠다. 나무에 사과가 달리고 익게 되면 누구든지 먹을 수 있다. 그러므로 예수님께로 나와서 누리라.

과거에 한 번도 찾아오지 않은 이들도 앞으로 나오라. 나와서 환대를 경험하라. 자주 찾아오고 궁전에 들어오라. 그리고 만찬의 자리에 참석한, 교회를 위해 중요한 일을 하는 당신은 가난한 성도들이 그늘에서 누리는 평범한 숲과 평범한 나무로 나오라. 당신은 나 같은 불쌍한 죄인처럼 사과나무 아래로 다가와 가지들이 만들어내는 그늘을 한 번 더 누리고 사과들로 위안받으라. 그렇지 않으면 영광스러운 궁전에서 질식하게 될 것이다. 다시 한번 말씀의 젖을 마시고 최초의 복음의 만찬에서처럼 사과를 먹는 것보다 더 성도들에게 좋은 것은 없다. 주님이 달콤한 열매로 당신을 대접해주시기를 기도한다.

확신을 통해 찾아오는
-----------------------------------   평안을 누리라

예수께서는 고물에서 베개를 베고 주무시더니 제자들이 깨우며 이르되 선생님이여 우리가 죽게 된 것을 돌보지 아니하시나이까 하니 예수께서 깨어 바람을 꾸짖으시며 바다더러 이르시되 잠잠하라 고요하라 하시니 바람이 그치고 아주 잔잔하여지더라. 마가복음 4:38-39.

주님은 제자들에게 실물교육을 시키기 위해 함께 배에 오르셨다. 사람들에게 우리가 그들과 다르지 않음과 위험한 순간에 어떻게 믿음을 실천해야 함과, 그리고 엄청난 위기의 순간에 경험하는 진정한 안전에 관해 소개하는 것과, 사람들과 더불어 배를 타고 그들이

폭풍의 온갖 두려움을 느끼게 한 뒤에 일어나서 바람을 꾸짖고 바다를 상대로 "잠잠하라. 고요하라"고 말하는 것은 서로 차원이 다른 일이다. 물론 후자가 훨씬 효과적이다. 주님은 제자들에게 진리를 그들의 눈앞에 보여주는 일종의 실물교육, 즉 몸으로 보여주는 설교를 하셨다. 그 설교는 제자들의 삶에 놀라운 영향력을 발휘했다. 이 장면을 통해 우리 역시 교훈을 얻을 수 있기를 기도한다!

본문 구절에는 두 종류의 위대한 평안이 소개되어 있다. 하나는 구세주의 마음에 있는 평안이고, 또 하나는 폭풍이 몰아치는 바다에서 말씀으로 창조하신 평안이다.

확신을 통해
찾아오는 평안

주님 안에는 놀라운 평안이 있었다. 주님의 주위에 놀라운 평안이 깃든 것도 바로 그 때문이다. 예수님 안에 있는 것은 하나님으로부터 나온다. 예수님 안에는 자신을 위한 평안이 있었기 때문에 나중에 다른 사람들을 위한 외부의 평안으로 발산되었다. 그분의 내적 평안은 정말 놀라웠다. "예수께서는 고물에서 베개를 베고 주무시더니."

하나님에 대한 완벽한 확신

주님은 모든 문제가 하나님으로 인해 해결될 수 있다고 완벽하게 확신하셨다. 주님은 아무리 파도가 달려들고 바람이 강력해도 전혀 흔들리시지 않았다. 물결이 하나님 아버지의 손에 붙들려 있고 바람이 아버지의 입에서 나오는 것에 지나지 않는다는 사실을 알고 계셨다. 그래서 주님은 어떤 어려움도 겪으시지 않았다. 실제로 전혀 걱정하시지 않았다. 햇볕이 좋은 날처럼 편하셨기 때문이다.

주님은 조금도 걱정하시지 않았다. 폭풍우가 몰려오는데도 피곤한 어린아이처럼 잠드셨다는 것이 그 증거였다. 물보라와 가장 거리가 먼 배의 고물로 가셨다. 그러고는 베개를 베고 주무셨다.

폭풍 속에서 주무신 것은 직접 결정하신 일이었다. 깨어 있어야 할 이유가 없었다. 위대하신 아버지에 대한 확신이 순수했고 완벽했기 때문이다. 이것이 우리에게 얼마나 귀중한 모범이 되는지 모른다! 하나님에 대한 우리의 확신은 아주 마땅함에도 절반에도 미치지 못할뿐더러 최상의 것도 아니다. 주님은 무한한 믿음, 의심을 모르는 확신, 순수한 신뢰의 대상이시다. 구세주가 몸으로 보여주신 것처럼 우리도 그대로 따라 할 수 있다면 얼마나 좋을까!

아들의 신분에 대한
완벽한 확신

　　　　　예수님은 아버지에 대한 믿음 이외에도 자신이 그분의 아들임을 충분히 확신하셨다. 예수님은 자신이 지존자의 아들이라는 사실을 의심하시지 않았다. 나는 하나님의 구원하시는 능력을 의심하지는 않지만 구원을 기대하는 나의 권리를 가끔 의심하곤 한다. 이것을 의심하는 순간 나의 평안은 꼬리를 감춘다. 우리 주님은 이것을 전혀 의심하시지 않았다. 주님은 오래전에 다음과 같은 말씀을 들으셨다. "이는 내 사랑하는 아들이요 내 기뻐하는 자라"(마 3:17). 주님은 자신 안에서 계속 증거되는 방법으로 하나님과 함께 생활하면서 걸어가셨다. 따라서 자신을 아들로 대하시는 아버지의 사랑에 대해 의문을 제기하시지 않았다. 아버지는 자녀가 어떤 식으로 아주 행복하게 잠드는지 계속 바라본다. 이것이 바로 예수님의 모습이었다.

　우리가 하나님과 더불어 더 큰 평화를 누리고 싶다면 우리가 그분의 아들임을 더 크게 확신하지 않으면 안 된다. 사탄은 이 사실을 알고 있기에 우리에게 다가와 예수님께 그랬던 것처럼 교묘하게 말할 것이다. "네가 만일 하나님의 아들이어든…"(마 4:3). 우리가 만일 양자의 영을 갖고 있다면 시험하는 자를 즉시 물리칠 것이다. 우리 안에 있는 성령의 증거, 즉 '우리가 하나님의 자녀'라는 증거로 교묘한 시험을 받아넘길 것이다. 그러면 우리에게 놀라운 평안이 가득할 것이다. 아버지를 확신하고 우리가 그분의 아들이라는 것을 보장받기 때문이다.

확신을 통해 모든 것을 맡김

우리의 복된 주님은 모든 것을 하나님께 맡기는 놀라운 방법을 알고 계셨다. 주님은 깨어 계시거나 염려하시지 않았다. 잠을 주무셨다. 주님은 어떤 일이 닥치더라도 위대한 보호자의 손에 모든 것을 맡기셨다. 무엇이 더 필요할까? 집을 지키기 위해 경비원을 고용해 놓고도 도둑이 두려워 잠을 이루지 못하는 것처럼 어리석은 일도 없을 것이다. 경비원을 신뢰하지 않는다면 과연 고용할 필요가 있을까? "네 짐을 여호와께 맡기라"(시 55:22). 짐을 지고 있다면 주님께 맡기라. 그 짐을 직접 짊어지려고 해서는 안 된다. 그렇지 않으면 하나님을 조롱하는 것이다. 하나님의 이름을 부르면서도 하나님의 실체에는 관심을 두지 않는 것이다. 모든 염려를 내려놓아야 한다. 예수님이 조용히 배의 고물로 가셔서 베개를 베고 주무신 것처럼 말이다.

이렇게 말하는 사람도 있을 것이다. "순전히 나를 위한 걱정이라면 그렇게 할 수 있다." 예를 들면 자녀에 대한 근심의 짐은 하나님께 맡길 수 없다고 생각하는 것이다. 하지만 주님은 사랑하는 이들 때문에도 아버지를 신뢰하셨다. 예수님의 제자들이 그분께 우리 자녀만큼 소중했다고 생각하지 않는가? 만일 배가 가라앉았다면 베드로는 어찌 되었을까? "예수께서 사랑하시는 그 제자"(요 21:7) 요한은 어찌 되었을까? 우리 주님은 직접 선발해서 부르시고 시험의 순간에 함께한 제자들을 뜨겁게 사랑하셨다. 그런데도 주님은 전혀 걱정하시지 않고 그들 모두를 아버지께 맡기고 잠을 청하셨다.

당신은 이렇게 대답할지 모른다. "그렇지만 나는 나의 의사와 상관없이 보살펴야 할 책임을 맡고 있다." 그렇다면 주님이 겪으신 사건보다 당신의 일이 더 긴박할까? "다른 배들도 함께 하더니"(막 4:36)라는 구절을 잊어서는 안 된다. 주님이 타신 배를 폭풍이 뒤흔들 때 작은 배들은 훨씬 더 큰 위험에 처했다. 그래서 주님은 그 배들까지 모두 염려하셨다. 주님은 그 밤에 게네사렛 호수를 책임진 해군 사령관이 되셨다. 나머지 배들은 주님의 호위를 받으면서 함대를 형성했다. 그 함대에 쏟으신 주님의 관심은 지대했다. 하지만 주님은 주무셨다. 사랑과 관심에 관한 요구까지 모두 아버지의 관심에 맡겨 두셨기 때문이다. 주님보다 훨씬 더 약한 존재인 우리는 그 모습을 그대로 본받음으로써 큰 힘을 얻을 수 있다.

가장 지혜로운 선택

주님은 모든 것을 아버지의 손에 맡기심으로써 가장 지혜로운 일을 하실 수 있게 되었다. 시간이 요구하는 것을 그대로 따르셨다. 잠자리에 드신 것이다! 그것은 예수님이 하실 수 있는 최고의 일이었다. 때때로 우리에게도 더할 수 없이 좋은 일이다. 예수님은 지치고 피곤하셨다. 지쳤을 때 할 수만 있다면 가능한 한 빨리 잠자리에 드는 것은 우리에게 맡겨진 임무이다. 구세주는 이른 아침부터 말씀을 전하고 기적을 베푸셔야 했기 때문에 잠을 주무시지 않으면 거룩한 사역을 수행하는 데 어려움을 겪으실 수 있었다. 특히 사역을 수행하는 데 필요한 최상의 조건을 유지하는 것은 필수적이었다.

취침 시간이 되었다는 것을 아신 주님은 주무셨다. 당연한 일이었다. 이따금 초조하고 걱정될 때 말 그대로 잠자리에 들게 되면 하나님은 더 큰 영광을 받으실 수 있다. 잠을 통해 하나님을 영화롭게하는 것은 일부 사람들의 생각처럼 그리 어렵지 않다. 특히 우리 주님께는 자연스러운 일이었다.

당신은 걱정하고 슬퍼하고 피곤할 수 있다. 그로 인해 의사로부터 전혀 이롭지 않은 약을 처방받을 수도 있다. 하지만 하나님과 완벽한 평화를 누리면서 잠자리에 들면 어떤 약물을 의지할 때보다 자리에서 더 기운차게 일어나게 될 것이다! 하나님께서 사랑하는 이들에게 주시는 잠은 실제로 원기를 회복시키고 치유를 가져온다. 예수님을 본받아야 한다. 침상으로 가게 되면 기분에 따라 다른 사람들을 염려하는 것보다 주님을 더 잘 본받게 될 것이다.

우리가 반드시 본받아야 할 영적 잠도 있다. 가끔 우리 교회가 걱정스러울 때가 있다. 그러다가 정신을 차리게 되면 스스로 이렇게 말한다. "정말 어리석은 일이야! 하나님을 의지할 수 없을까? 하나님의 일이 나의 것보다 훨씬 더 중요하지 않을까?" 그리고 기도하면서 걱정거리를 주님께 맡긴다. 나는 이렇게 말한다. "하나님의 이름에 의지해서 나는 이 문제를 두 번 다시 염려하지 않을 것이다." 그러고는 긴급한 문제를 하나님께 맡기고 영원히 돌아보지 않는다.

나는 이 같은 방법으로 여러 가지 성가신 문제를 의도적으로 주님의 관심사로 맡겨버린다. 간혹 친구들이 일의 진행 상황을 물어오면 나는 그저 이렇게 대답한다. "잘 모르겠어. 더는 문제에 시달리고 싶지 않네. 주님이 어떤 식으로든지 개입하실 것이기에 그것에 관해서는 걱정하지 않을 생각이야."

내가 하나님께 맡긴 문제가 크게 잘못된 적은 한 번도 없었다. 그 문제들로부터 손을 뗀 것은 지혜로운 일이었다. "가만히 서서 여호와께서 오늘 너희를 위하여 행하시는 구원을 보라"(출 14:13)는 말씀은 하나님이 직접 내리신 명령이다. 주님을 본받아 이렇게 시도해보자.

위대한 아버지를 확신하는 아들은 배의 고물로 가서서 베개를 베고 자리에 누워 주무셨다. 배에 물이 들어차고 파도에 흔들려도 계속 잠을 주무셨다. 그 무엇도 평안을 누리는 영혼의 평화를 깨뜨릴 수 없었다. 사람들은 갑판에서 이리저리 비틀대고 술에 취한 사람처럼 몸을 제대로 가누지 못한 채 어찌할 바를 몰랐다. 하지만 예수님은 전혀 흔들림이 없었다. 완벽한 순수함과 거침없는 확신 속에서 휴식을 취하셨기 때문이다. 주님의 마음은 하나님 안에서 행복했고 그로 인해 평안을 누릴 수 있었다. 주님을 본받을 수 있는 은총을 누리기를 기도한다.

제자들의 실패는
곧 우리의 실패

주님과 제자들의 차이에 주목해야 한다. 주님은 커다란 평안을 누리셨지만, 제자들은 커다란 폭풍에 휩싸여 있었다. 이제 그들이 실패한 과정을 살펴보자. 제자들은 우리와 같은 인간이기에 우리 역시 그들처럼 행동하게 된다.

두려움으로 인한 실패

제자들은 두려움 때문에 실패했다. 그들은 배가 가라앉아 모두 죽을까 봐 상당히 두려워했다. 두려움에 사로잡힌 제자들은 용기를 내는 데 필요한 구체적인 근거들이 멀지 않은 곳에 있음에도 잊어버리고 말았다. 사실 그들은 안전했다. 예수님이 그 배에 타고 계셨기 때문에 배가 가라앉으면 예수님 역시 함께 빠지셔야 할 상황이었다. 이방인 선원들은 로마 황제가 배에 타고 있으면 폭풍을 만나더라도 두려워하지 않았다. 예수님이 배에 타고 계셨다면 제자들이 당연히 안심해야 하는 것이 아닌가? 예수님과 그분의 사역까지 감당하고 있다면 두려워할 필요가 없다!

예수님은 그분의 일을 완성하러 이 땅에 오셨다. 따라서 제자들은 그 일이 완수되기 전까지는 그분이 어떤 해도 입지 않을 것임을 알았어야 했다. 제자들은 왜 주님을 신뢰하지 못했을까? 그들은 주님이 오병이어의 기적을 일으키시고, 사탄을 쫓아내시고, 온갖 질병을 치료하시는 것을 목격했다. 그런데도 그들은 주님이 폭풍을 잠잠하게 하실 수 있음을 믿을 수 없었을까? 이해할 수 없는 불신이었다! 하나님에 대한 믿음은 진정한 지혜이지만 하나님을 의심하는 것은 어리석은 짓이다. 전능한 사랑에 의문을 제기하는 것처럼 터무니없고 어리석은 일도 없다.

그릇된 비난으로 인한 실패

제자들이 주님께 말씀드릴 때도 현명하지 못했다. 그들은 주님이 극도로 피곤하셨기에 주무셔야 했음에도 급하게 가서 다소 무례하게 깨웠다. 제자들은 그렇게까지 서두를 필요가 없었지만 두려움 때문에 어쩔 수 없었다. 그들은 차분함이나 다정함과는 거리가 먼 음성으로 말했다. "선생님이여, 우리가 죽게 된 것을 돌보지 아니하시나이까?"

그토록 거칠게 묻는 것처럼 부끄러운 일도 없을 것이다! 제자들은 자신들이 한 말 때문에 나중에 크게 후회하지 않았을까? 사실 예수님은 그들에게 그토록 심한 말을 할 수 있는 빌미를 허락하시지 않았다. 더욱이 제자들이 "선생님이여"라고 부른 다음 "우리가 죽게 된 것을 돌보지 아니하시나이까?"라고 물은 것도 적절하지 않았다. 주님은 마땅히 도와주실 능력이 있음에도 제자들이 죽게 내버려 둘 정도로 냉혹하다는 비난을 받으셔야 했을까?

우리 역시 비슷한 잘못을 범해 왔다! 예수님의 제자들 가운데 일부가 주님의 지혜나 사랑을 의심하는 것처럼 보이는 행동을 한 것이 사실이다. 그들은 주님의 잘못이라고 직접 지적한 적은 없지만 이해할 수 없는 방식으로 행동하신다고 말한 적은 있다. 그들은 주님이 불친절하다고 말한 적은 없지만 귓속말로 무한하신 주님의 사랑과 행동을 연결하는 것은 불가능하다고 이야기했다. 예수님은 우리의 불신을 적지 않게 감내하셨다! 이 글을 통해 우리의 잘못들을 확인하고 주님의 사랑이 그것들을 사라지게 해주시기를 간절히 기도한다.

말씀으로
창조하신 평안

지금까지 주님의 평안과 제자들의 실수를 살펴보았다. 이제 예수님이 창조하신 놀라운 평안에 초점을 맞춰보자. "아주 잔잔하여지더라."

주님의 음성을 통해 즉시 찾아오는 평안

주님의 음성이 특별한 평안을 만들어냈다. "기름을 물에 부으면 물이 매끄러워진다"라는 말이 있다. 이 말은 어떤 진리를 포함하고 있다고 생각한다. 다음과 같은 방법으로 설명할 수 있다. 즉 하나님이 말씀하시면 폭풍은 잠잠해지고 파도는 조용해진다. 예수님이 우리 가운데 한 사람의 마음에 말씀하시기만 하면 그 즉시 "모든 지각에 뛰어난 하나님의 평강"(빌 4:7)이 우리를 지킬 것이다.

아무리 낙심이 크거나 절망이 심각할지라도 주님은 즉시 확신이라는 놀라운 평안을 누리게 하실 수 있다. 소망의 문은 어려움에 부닥친 누구에게나 열려 있다! 내가 만약 말하는 것만으로도 가난한 사람을 부유하게 만들 수 있고, 아픈 사람을 건강하게 만들 수 있다면 그 자리에서 그렇게 할 것이다. 그런즉 나보다 사랑에 더 뛰어나신 예수님이라면 힘들고 어려운 마음에 당연히 평안을 말씀하실 것이다.

그런데 우리는 이 평안이 즉각 찾아왔다는 점에 주목해야 한다. 예수님이 "깨어 바람을 꾸짖으시며 바다더러 이르시되 잠잠하라 고요하라 하시니 바람이 그치고 아주 잔잔하여지더라." 예수님이 말씀하시자마자 사방이 고요해졌다. 나는 어려움을 겪는 사람들을 많이 만났지만 빛과 자유로 서서히 나오는 사람들은 거의 본 적이 없다. 구원은 갑자기 일어날 때가 많다. 철문이 일제히 열리면 죄수들은 그 즉시 자유를 얻게 된다(행 12:10-11). "올무가 끊어지므로 우리가 벗어났도다"(시 124:7). 폭풍이 몹시 강하게 불 때도 평안이 가까운 곳에 있다는 것을 알게 되면 얼마나 기쁜지 모른다!

믿음을 통해 찾아오는 기쁨과 평안

구세주가 이 평안을 믿음과 결합하신 점 역시 주목해야 한다. 예수님은 사방이 잠잠해지자 제자들에게 이렇게 말씀하셨다. "어찌하여 이렇게 무서워하느냐. 너희가 어찌 믿음이 없느냐"(막 4:40). 믿음과 평안은 함께 간다. 믿기만 하면 평안을 누릴 수 있다. 자신을 하나님께 내려놓고 그분의 뜻에 절대적으로 순종할 때 자비와 기쁨과 빛을 누릴 수 있다. 주님은 우리가 믿음이 없을 때도 가끔 필요한 축복을 허락하신다. 우리가 기대하는 것보다 더 많이 주시는 것을 기뻐하시기 때문이다. 그렇지만 하나님 나라의 법은 언제나 "믿음대로 되라"는 말씀을 따른다(마 9:29).

그리고 이 놀라운 평안은 매우 즐겁다. 개인적인 간증을 통해 이 사실을 설명하고 싶다. 내가 "모든 지각에 뛰어난"(빌 4:7) 것이라고 말할 때 그것은 내가 직접 경험한 지식에 근거한 것이다. 어느 날 밤, 자리에 앉아 하나님의 자비와 사랑을 묵상하다가 마음속에서 완벽한 평화를 발견하고 몹시 즐거운 감정에 사로잡힌 적이 있다. 나는 하나님의 땅에 도달했다(사 62:4). 그곳은 구름 하나 없이 오직 태양이 빛났다. "아주 잔잔하여지더라."

나는 사나운 파도가 치다가 갑자기 바다가 거울처럼 잔잔해지고, 그 위를 바닷새가 행복하게 선회하다가 내려앉는 배의 선원이

된 기분이었다. 완벽하게 만족스러웠고 더할 나위 없이 행복했다. 나의 마음의 해변에는 어떤 어려움의 물결도 밀려들지 않았다. 나의 존재의 깊은 곳에 자리한 먼바다는 완벽하게 잔잔했다. 불편해야 할 이유나 두려워해야 할 동기를 발견할 수 없었다. 나의 감정에는 어떤 광신적인 상태나 급격한 감정의 변화도 없었다. 오히려 나의 영혼은 하나님을 기다리면서 그분만 즐거워했다.

나는 주님 안에서 이 복된 평안을 누렸다! 낙원 같았다! 나에게는 이 경험이 하늘나라를 맛본 것과 다를 바 없었다. 우리는 가끔 엄청난 영적 폭풍을 말한다. 그런데 어째서 우리의 놀라운 평안은 거론하려고 하지 않을까? 우리가 어려움을 겪는다고 해서 어떻게 불평할 수 있을까! 어째서 우리가 구원받은 것을 노래하고 싶어 하지 않을까?

모든 섭리는 우리에게 도움이 되는 방향으로 작용한다. 우리를 해롭게 하는 법이 없다. 주님은 우리의 방패가 되고, "지극히 큰 상급"이 되어주신다(창 15:1). 그렇다면 우리가 무엇 때문에 두려워해야 할까? "만군의 여호와께서 우리와 함께하시니 야곱의 하나님은 우리의 피난처시로다"(시 46:7). 성도에게 평안은 상상의 산물이 아니다. 성도는 "평강하고 평강하도록"(사 26:3) 누릴 수 있는 완벽한 특권을 지니고 있다. 진리에 근거한 깊은 평온함, 모든 것을 포함하되 우리의 평안을 방해하는 그 어떤 것으로도 깨뜨릴 수 없는 고요함이 그것이다. "주께서 심지가 견고한 자를 평강하고 평강하도록 지키시리니 이는 그가 주를 신뢰함이니이다"(사 26:3). 바다가 더는 격노하지 않는 세상에 도달할 때까지 평온을 누려야 한다!

우리가 구세주의 내부를 지배하는 평온에 도달할 수 있는 축복을 누리게 되면 외부의 문제들을 평온하게 만들 수 있는 능력을 갖추게 될 것이다. 평화를 누리는 사람은 평화를 만들 수 있다. 우리 능력으로는 기적을 일으킬 수 없지만 예수님이 하신 일은 우리 역시 할 수 있다(요 14:12). 주님처럼 잠을 자면 새로운 힘을 회복하게 될 것이고 신앙의 능력으로 바람과 파도를 복종시킬 수 있게 되기 때문에 일어나서 잠잠하라고 명령하게 될 것이다. 다른 사람들을 위로하는 말을 하게 된다. 우리가 누리는 평안은 다른 사람들이 이끄는 작은 선박들에도 놀라운 일을 할 수 있다. 우리 역시 "잠잠하라. 고요하라"고 말할 수 있게 될 것이다. 우리의 확신이 전염성이 강하다는 사실이 밝혀지고 그로 인해 소심한 사람들이 용감해질 것이다. 우리의 부드러운 사랑이 다른 사람들에게 확산되면 논쟁을 좋아하는 사람들이 차분해져서 인내하게 될 것이다.

문제는 언제나 우리의 내부에서 시작된다는 점을 명심해야 한다. 우리가 평안을 누리기 전까지 평안을 만들기란 불가능하다. 멋대로 행동하는 우리의 변덕스러운 본성을 다스리는 것보다 더 쉬운 일도 없다. 은총을 통해 우리의 두려움을 다스릴 수 있게 되고, 그로 인해 폭풍 속에서도 베개를 베고 잘 수 있다면 격렬한 폭풍은 힘을 쓰지 못할 것이다. 주님은 사랑하는 이들에게 잠을 주실 때 평안과 안전도 함께 허락하신다.

예수님이 주시는
참 위로를 받으라

내가 너희를 고아와 같이 버려두지 아니하고 너희에게로 오리라. 조금 있으면 세상은 다시 나를 보지 못할 것이로되 너희는 나를 보리니 이는 내가 살아 있고 너희도 살아 있겠음이라. 요한복음 14:18-19.

흠정역의 난외주에는 이 구절의 다른 번역이 기록되어 있다. "내가 너희를 쓸쓸히 내버려 두지 아니하고 너희에게 오리라." 우리 주 예수 그리스도가 계시지 않았다면 제자들은 부모를 빼앗긴 자녀와 같았을 것이다. 주님은 3년간 함께하시며 온갖 어려움을 해결하셨고, 모든 짐을 감당하셨으며, 모든 필요를 공급하셨다. 제자들은 극히 어렵거나 심각한 문제에 직면할 때마다 주님께 가져왔다. 원수들에게 거의 무릎을 꿇어야 하는 순간에 예수님이 구하러 오셔서 전투의 흐름을 뒤집어 놓으셨다.

　제자들은 주님이 함께하셨기에 매우 행복했고 안전했다. 주님은 많은 자녀를 거느린 대가족의 아버지처럼 모두에게 즐거움을 선사하시고 중심에서 걸어가셨다. 하지만 치욕적인 죽음 때문에 주님을 빼앗길 처지가 되었을 때 제자들은 자신들이 진정한 사랑의 보호자를 잃은 고아 신세가 될 수 있다고 생각했을지도 모른다. 구세주는 그들이 품은 두려움을 알고 계셨다. 그래서 그들이 불안한 마음을 채 표현하기도 전에 이런 말씀으로 해결해주셨다. "너희는 이 거칠고 메마른 세상에서 홀로 지내지 않을 것이다. 비록 육신은 함께하지 않더라도 더 효과적인 방법으로 너희와 함께할 것이다. 나는 영적으로 너희를 찾아오겠고, 영적으로 임재할 때 내가 육체적으로 함께하거나 너희 가운데 계속 있을 때보다 훨씬 더 좋은 것을 누리게 될 것이다."

　여기서는 먼저 어려움으로부터의 보호와 위로에 주목해야 한다. "내가 너희를 고아와 같이 버려두지 아니하고." 계속해서 위안이 주어진다. "너희에게로 오리라."

어려움으로부터
보호하시는 예수님

성도들은 주님 없이, 그리고 성령님과 떨어져 지내게 되면 고아처럼 불행과 외로움을 겪는다. 그 무엇으로도 상실감을 보상받지 못한다. 아무리 많은 등불로도 태양을 대신할 수는 없다. 등불이 빛을 발할지라도 여전히 밤이다. 친구들이 찾아와도 남편을 잃은 여인에게는 큰 도움이 되지 않는다. 남편이 없기에 그녀는 여전히 과부에 불과할 뿐이다. 예수님이 없으면 성도들은 고아의 신세가 될 수밖에 없다. 하지만 예수님은 그렇게 내버려 두지 않겠다고 약속하셨다. 주님은 우리가 외로움을 물리치게 될 것이라고 말씀하신다. "너희에게로 오리라."

고아처럼 버려두지 않으신다.

고아란 부모가 죽은 사람임을 기억해야 한다. 이미 그 자체가 상당한 슬픔이다. 아버지가 과거처럼 더는 자신을 사랑하고 보호하고 도와줄 수 없기 때문이다. 하지만 그런 의미에서 본다면 우리는 고아가 아니다. 우리 주 예수님은 죽으시지 않았다. 주님이 죽으신 것은 사실이다. 병사 가운데 하나가 창으로 그분의 옆구리를 찔렀을 때 상처에서 물과 피가 흘러나왔다. 이것은 생명의 샘이 파괴되었음을 여실히 보여주는 증거였다. 주님이 한때 숨을 거두신 것이 분명하지만 지금은 살아 계신다. 주님을 찾으러 무덤으로 가서는 안 된다. 천사는 말했다. "그가 여기 계시지 않고 그가 말씀하시던 대로 살아나셨느니라"(마 28:6). 죽음의 굴레는 주님을 붙잡아 두지 못했다.

우리는 죽은 예수님을 예배하지 않으며 그분을 시체로 생각하지도 않는다. 그러므로 예수님을 여전히 실체를 유지하는 살아 계신 존재로 대하는 것이 참으로 중요하다. 주님은 죽으셨기 때문에 분명히 살아 계시고 오히려 생명이 더욱 풍성하시다. 무덤의 문을 지나 지금은 영원히 다스리고 계시기 때문이다. 따라서 우리에게서 고아가 겪는 슬픔의 뿌리가 사라졌음을 확인해야 한다. 우리의 예수님이 지금 살아 계시기 때문이다. 거대한 무덤으로도 주님이 흘리신 피를 보관할 수 없고, 피라미드로도 주님의 몸을 묻을 수 없고, 어떤 기념비로도 주님의 영원한 묘지를 표시할 수 없다. "말하기를 주께서 과연 살아나시고 …보이셨다 하는지라"(눅 24:34). 그런즉 우리는 고아가 아니다.

홀로 있게 하지 않으신다.

부모의 죽음으로 인해 고아가 겪는 가장 큰 슬픔은 홀로 남겨졌다는 사실이다. 고아는 이제 자신을 기르던 부모의 지혜를 의지할 수 없다. 힘들 때 예전처럼 아버지에게 달려가 무릎에 앉을 수 없다. 아픈 머리를 부모의 가슴에 기댈 수 없다. '아버지'라고 부를 수는 있지만 대답을 전혀 들을 수 없다. 잠자던 어머니가 듣고 일어날 정도로 다정하게 '어머니'라고 부를 수는 있어도 죽은 사람을 일으킬 수는 없다. 최고의 동반자였던 두 사람의 생각과 달리 자녀는 홀로 지내게 된다. 부모는 떠났다. 나이가 어린 아이들도 버림받고 홀로 지내는 것이 무엇인지 안다.

하지만 우리는 다르다. 우리는 고아가 아니다. 예수님이 이곳에 육체로 계신 것은 아니지만 육체적으로 함께하시는 것처럼 그분의 영적 임재를 통해 엄청난 축복을 누릴 수 있다. 사실 이것이 더 낫다. 예수 그리스도께서 실제로 여기 계시면 우리 모두 나아가서 한꺼번에 주님의 옷을 만지기란 불가능하다. 전 세계적으로 수많은 사람이 주님과 대화를 나누고 싶어서 기다릴 텐데, 주님이 육신의 형태로 여기에 있다면 어떻게 그들 모두가 다가갈 수 있을까? 누구나 특별한 내용을 가지고 대화하려고 기다릴 수 있지만, 주님이 육신의 형태를 하고 계신다면 한 번에 한두 사람 정도에게만 차례가 가능할 것이다.

하지만 우리는 한마디도 할 필요가 없다. 예수님은 우리의 생각을 알고 계시고 그와 동시에 우리의 모든 필요에 귀를 기울이신다. 사람이 많다고 할지라도 그분께 다가가려고 애쓸 필요가 없다. 그분은 우리는 물론 전 세계 모든 성도를 가까이하신다. 그분은 장소와 관계없이 임재하시기에 그분이 사랑하는 모든 이는 그분과 함께 대화할 수 있다.

우리는 이 순간에 그 누구에게도 털어놓을 수 없는 슬픔에 관해 말할 수 있다. 그렇게 함으로써 주님이 들어주시기 전까지 그 슬픔을 입 밖에 내놓은 적이 없었음을 느끼게 될 것이다. 그분은 허상이 아니다. 그분의 손을 잡고 눈에서 반짝이는 사랑을 보고 그분의 동정 어린 표정을 볼 수 있을 정도로 확실하다.

이 방법이 우리에게 도움이 되지 않을까? 우리는 '형제보다 친밀한' 친구를 갖고 있다는 사실을 알고 있다(잠 18:24). 참으로 가깝고 사랑스러운 친구이다. 우리는 고아가 아니다. 우리와 함께하는 친구는 "기묘자라 모사라 전능하신 하나님이라 영존하시는 아버지라 평강의 왕"이시다(사 9:6). 우리의 주님은 여기 계신다. 어머니가 자녀를 대하듯이 우리를 위로하신다.

먹을 것을 걱정하지 않게 하신다.

고아는 음식과 의복, 그리고 안락한 가정을 마련하기 위해 늘 애쓰던 손길마저 잃어버렸다. 누가 불쌍한 이의 필요를 채워줄 수 있을까? 부모도 없는데 누가 나이 어린 외톨이를 돌보려고 할까?

하지만 우리와는 관계없는 일이다. 예수님은 우리를 고아처럼 내버려 두시지 않는다. 자기 사람들에 대한 그분의 관심은 마리아, 마르다, 그리고 나사로와 식탁을 함께하셨을 때와 다르지 않다. 오히려 먹을 것이 훨씬 더 풍성하다. 성령님이 우리를 찾아오셨기 때문에 주님이 육체적으로 지상을 떠나시기 전까지 믿는 이들이 누렸던 것보다 메뉴가 더 다양하고, 더 풍성한 영적 위안을 누리고 있다. 성령이 주어졌기 때문에 우리는 훨씬 더 풍성한 식사를 하게 되었고, 주님의 육체적 형상이 이 땅을 떠나기 이전의 성도들보다 더 큰 영적 위안을 누리게 되었다. 당신의 영혼이 굶주리고 있는가? 예수님은 당신에게 하늘의 양식을 허락하신다. 당신의 영혼이 갈증을 느끼고 있는가? 반석에서 쉬지 않고 물이 흘러나온다.

예수님을 찾아가 당신의 필요와 짐을 내려놓으라. 당신에게 공급되는 모든 것을 누리기 위해서는 그저 필요를 알리기만 하면 된다. 예수님은 자비롭게 당신을 기다리신다. 그분은 살아 있는 모든 영혼의 필요를 공급하시기 위해 고귀한 손을 펼치고 서 계신다. 한 사람이 이렇게 말한다. "나는 가난하고 궁핍하오나." 그리고 계속해서 인용한다. "주께서는 나를 생각하시오니"(시 40:17). 이어서 다른 사람이 말한다. "이것이 내게서 떠나가게 하기 위하여 내가 세 번 주께 간구하였더니." 주님이 바울에게 대답하신 내용을 명심해야 한다. "내 은혜가 네게 족하도다"(고후 12:9). 우리에게는 꼭 필요한 능력이 주어진다.

주님은 지금도 우리 목자이시다. 그분은 우리가 죽음의 어두운 골짜기를 지나 영광스러운 언덕의 기름진 풀밭에 다다를 때까지 도움을 베푸실 것이다. 우리는 어려움을 겪지 않는다. 부족한 것 때문에 무릎을 꿇거나 헛된 약속을 신뢰하면서 이 세상과 타협할 필요가 없다. 예수님이 우리를 버리시지 않고, 떠나시지 않을 것이기 때문이다(히 13:5).

올바른 교훈을 허락하신다.

무엇보다 고아는 어린아이에게 필요한 교훈 역시 누리지 못한다. 우리의 생각을 말해줄 수는 있지만 어린아이가 인성을 형성하는 데 있어 부모만큼 적당한 사람은 없다. 어린아이가 아버지나 어머니를 잃는 것은 매우 슬픈 일이다. 뛰어난 교사가 해줄 수 있는 일이 적지 않지만 부모의 사랑으로 자녀의 마음을 형성하는 부분을 보충하기란 거의 불가능하다.

하지만 우리는 고아가 아니다. 예수님을 믿는 우리가 교육을 제대로 받지 못하는 일은 있을 수 없다. 사실 예수님은 이곳에 직접 계시지 않는다. 당신이 주일마다 예배에 참석해서 그분의 말씀을 듣고 싶어 하는 사람이기를 기대한다! 강단을 바라보면서 십자가에 달리신 분의 말씀에 귀를 기울이는 것이 그리 대수롭지 않은 일일까? 당신은 그렇게 생각할 수도 있겠지만 사도 바울은 이렇게 말했다. "우리가 그리스도도 육신을 따라 알았으나 이제부터는 그같이 알지 아니하노라"(고후 5:16).

진리의 영을 영접하는 것이 도움이 될 수 있다. 예수님의 영광스러운 본래 모습이 아니라 하나님의 겸손한 종의 모습을 하고 계신 지상에서의 초라한 모습을 통해서 말이다. 설교자가 말하든지, 아니면 하늘에서 내려온 천사가 말하든지 간에 아무튼 말하는 사람이 중요한 것이 아니다. 오직 하나님의 영만이 말씀의 능력을 갖추고 계시고 그 말씀을 생기 있게 만들어 생명을 주실 수 있다.

지금 우리는 하나님의 영을 소유하고 있다. 성령님이 찾아오시면 성경에 담긴 진리를 남김없이 깨닫게 된다. 우리는 성령님의 가르침에 힘입어 무엇보다 심오한 신비로 나아갈 수 있다. 하나님의 말씀 가운데 오랫동안 뜻을 파악하기 어려웠던 것들을 알고 이해할 수 있다. 예수님을 겸손하게 바라보면 그분의 영이 여전히 교훈을 허락하실 것이다.

성령님께 가서 하나님에 관한 것들을 배우게 되면 성경의 내용을 제대로 깨닫지 못하더라도 신학을 연구하는 학자들보다 확실하게 익힐 수 있을 것이다. 책과 율법의 문자에만 집착하고 사람들에게 배워서 아는 것을 하나님은 어리석게 생각하신다. 하지만 예수님께 가서 그분의 발 앞에 앉은 채 성령을 통해 배우기를 청하면 "구원에 이르는 지혜"를 얻게 된다(딤후 3:15). 우리를 고아처럼 버려두시지 않는 하나님을 찬양한다. 우리 옆에는 언제나 함께하시는 선생님이 계신다.

변론자가 되어주신다.

어른이 된 고아가 홀로 성장한 시절을 돌이켜 보면 종종 가슴 아팠던 순간이 존재할 것이다. 바로 변론해줄 사람이 없었던 때이다. 덩치 큰 골목대장이 어린아이를 괴롭히면 그 아이의 입에서는 당연히 "아빠에게 일러줄 거야!"라는 말이 튀어나온다. 실제로 아이들은 "엄마에게 이를 거야!"라는 말을 자주 한다. 하지만 이렇게 말할 수 없을 때의 상실감은 우리가 상상하는 것보다 훨씬 더 크다. 잔인한 도둑이 찾아와 고아에게서 사랑하는 아버지가 남겨준 작은 것까지 낚아채 가도 법정에서 고아의 소유를 변호해줄 사람이 없다. 아버지가 법정에 있다면 자신의 권리를 증명할 수 있지만 아버지가 없다. 그로 인해 고아는 힘 한 번 제대로 써보지 못한 채 세상의 악한 자들에게 소유를 빼앗기고 만다.

이런 의미에서 본다면 그리스도인들은 고아가 아니다. 사탄은 할 수만 있으면 우리의 유산을 강탈하려고 하지만 우리를 위해 호소하시는 아버지와 함께 대변자가 계신다. 사탄은 우리에게 주어진 모든 약속을 빼앗고 언약에 따른 모든 위로를 파괴하고 싶어 하지만 우리는 고아가 아니다. 원수가 우리를 상대로 소송을 제기하면서 우리에게 이 사건의 변론자가 없다고 생각하는 것은 실책이다. 우리에게는 높은 곳에 계시는 변론자가 있다. 예수님이 찾아오셔서 우리를 위해 죄인의 친구로서 호소하신다. 그분이 법정에서 호소하시면 별다른 효과를 거두지 못하거나, 아니면 유산이 안전하지 못할까 봐 걱정할 필요가 없다.

주님을 사랑하는 우리는 이 세상에서 홀로 지내지 않는다. 세상에 친구가 없더라도, 어려움을 보살펴 줄 사람이 없더라도, 정말 외롭게 지내더라도 예수님은 우리와 함께하신다. 그분은 실제로 동행하시면서 도울 수 있고, 또 그렇게 하실 준비가 되어 있다. 바로 이 순간에 선하고 친절한 보호자가 아주 가까이 계신다. 예수님은 말씀하셨다. "내가 너희를 고아와 같이 버려두지 아니하고."

예수님이 주시는
참 위안

　　이제 이번 장의 두 번째 주제인 위안에 관해 설명하고 싶다. 우리는 아버지 없이 지내는 것에서 구원받았을 뿐 아니라 주님으로부터 "너희에게로 오리라"고 약속받았다.

영으로 찾아오신 예수님

　주님의 약속은 무슨 뜻일까? 맥락을 고려하면 이렇게 추측할 수 있다. "나의 영을 통해 너희에게로 오리라." 우리는 하나님의 위격을 혼동해서는 안 된다. 성령은 하나님의 아들이 아니시다. 하나님의 아들 예수님은 성령이 아니시다. 양쪽 모두 한 하나님의 각기 다른 두 위격이시다. 하지만 매우 놀랍게 통일되어 있기에 복되신 성령님은 예수님의 대리자의 역할을 훌륭하게 수행하신다. 그러므로 성령님이 찾아오실 때 예수님도 오신다는 것은 틀린 말이 아니다. 그런즉 "너희에게로 오리라"는 말씀을 달리 해석하면 "나는 너희와 함께 있기 위해 나의 자리를 대신하고, 나를 대표하는 나의 영을 통해 올 것이다"라는 의미로 이해할 수 있다.

그리스도인들은 예수님을 대신하는 성령님을 마음속에 모시고 함께 지내고 있다는 사실을 명심해야 한다. 예수님은 예수님을 편들고, 예수님을 닮은, 즉 유능하고 능력 있고 거룩하고 영원한 대리자를 통해 지금 우리와 함께하신다. 우리는 이 같은 방식으로 성령을 통해 예수님을 모시고 있기에 고아가 될 수 없다. 하나님의 영이 늘 함께하시기 때문이다.

하나님의 영이 성도들에게 항상 내주하신다는 것은 기쁜 소식이다. 성령님은 성도들 안에서 언제나 주도적으로 활동하시지는 않는다. 인간 본성의 특징이 완벽하게 사라지기 전까지는 기뻐하시지 않을 수도 있다. 하지만 성령님은 언제나 그곳에 은밀하게 임재하신다. 하나님의 영이 성도를 완전히 떠나신 적은 단 한 번도 없었다. 만약 이런 일이 벌어지면 성도는 영적으로 죽음을 맞게 될 것이다. 하지만 이런 일은 불가능하다. 예수님이 보장하셨기 때문이다. "내가 살아 있고 너희도 살아 있겠음이라"(요 14:19).

성도가 죄를 지을 때조차 성령님은 완전히 떠나시지 않은 채 지은 죄를 회개하게 만들기 위해 여전히 마음속에 함께하신다. 성도의 기도는 성령님이 여전히 안에 계신다는 사실을 입증한다. "주의 성령을 내게서 거두지 마소서"(시 51:11)라는 말씀은 아주 심하게 타락했지만 간단하지 않은 그의 온갖 잘못과 죄악에도 하나님의 영이 여전히 떠나시지 않은 어느 성도의 기도였다.

이외에도 예수 그리스도는 영을 통해 몇 가지 유형으로 그분의 사람들을 방문하신다. 성령님은 회복을 경험하는 순간에 놀라울 정도로 적극적이고 강력하게 활동하신다. 그로 인해 우리는 그분의 신적 능력을 특별히, 그리고 즐겁게 의식한다. 그분의 영향력이 우리 본성의 모든 부분으로 흘러들고, 마치 한낮에 태양이 비추듯이 영광스러운 빛이 우리의 어두운 영혼을 쓸어버린다. 이 얼마나 기쁜 일인지 모른다!

때때로 우리가 성찬식에 참여할 때도 이런 감정을 느끼게 된다. 나는 예수 그리스도께서 기도 모임 때나 말씀을 설교할 때, 은밀히 묵상할 때, 그리고 성경을 읽을 때도 우리를 찾아오신다고 확신한다. 주님께 언약이 진실하다는 것을 한 번 더 경험할 수 있게 해달라고 간구하자. "내가 너희를 고아와 같이 버려두지 아니하고 너희에게로 오리라."

교훈적인 모든 말씀

이제 우리가 살펴보고 있는 주님의 말씀이 모두 교훈적이라는 사실에 관해 설명하고자 한다. "내가 너희를 고아와 같이 버려두지 아니하고 너희에게로 오리라." 하나의 문장 안에 '내가'라는 표현이 두 차례 등장한다(한글 성경에서는 한 차례만 번역했다 – 옮긴이). 예수님은 이렇게 말씀하신다. "내가 너희를 고아와 같이 버려두지 아니할 것이다. 부모라면 그럴 수 있지만 나는 아니다. 사랑했던 친구들도 언젠가 매정하게 변할 수 있지만 나는 아니다. 유다가 배신

자가 되고 아히도벨이 다윗을 배반할 수 있지만 나는 너희를 쓸쓸하게 내버려 두지 않을 것이다. 너희가 수없이 낙심하고 정말 가슴 찢어지는 슬픔을 겪었지만 나 때문에 그랬던 적은 단 한 번도 없었다. 신실하고 진실한 증인, 불변하고 한결같은 나, 예수는 어제나 오늘이나 영원히 같다. 내가 너희를 쓸쓸히 내버려 두지 아니하고 너희에게 오리라."

'내가'라는 단어를 의지한 채 진심으로 말하라. "주여, 저의 집에 들어오심을 감당하지 못하겠습니다(마 8:8). '내가 천사를 너에게 보내겠다'라고 말씀하셔도 놀라운 자비인데, 주님은 '너희에게로 오리라'고 말씀하십니다. 저의 친구 그리스도인들을 찾아오셔서 위로의 말씀을 건네셔도 감사할 일인데, 주님은 일인칭으로 '너희에게로 오리라'고 말씀하십니다. 나의 주님, 제가 무슨 말을 하고 무슨 일을 할 수 있겠습니까? 주님에게 주리고 목마를 뿐입니다. 주님이 직접 '내가 너희를 쓸쓸히 내버려 두지 아니하고 너희에게 오리라'고 말씀하시기 전까지는 만족할 수 없습니다."

우리는 계속해서 그 대상이 되는 사람들에 주목해야 한다. "내가 너희를 쓸쓸히 내버려 두지 아니하고 너희에게 오리라. 베드로, 네가 나를 부인하더라도, 그리고 도마, 네가 나를 의심하더라도 내가 너희를 쓸쓸히 내버려 두지 아니하고 너희에게 오리라. 이따금 너 자신이 무가치하고 쓸데없는 존재라는 생각이 들 정도로 이스라엘에서 미미하더라도 내가 너희를 쓸쓸히 내버려 두지 않을 것이다.

너희를 말이다!"

당신은 이렇게 대답할 것이다. "주여, 주님이 다른 양들을 돌보신다면 그들에게 베푸시는 자비를 찬양하겠습니다. 하지만 저는 그럴 만한 자격이 없습니다. 설령 저를 잊으신다 해도 주님을 비난할 수 없습니다. 주님의 사랑을 거절한 채 잘못을 저질렀기 때문입니다. 그런데도 주님은 계속해서 '내가 너희를 쓸쓸히 내버려 두지 아니하고 너희에게 오리라'고 말씀하십니다."

하늘나라의 상속자들은 이 언약에서 받아야 할 몫을 잃어버려서는 안 된다. "주여, 오소서. 모든 사람을 회복시키실 때 주님의 몇 방울의 사랑으로 저도 회복시켜주소서. 주여, 저의 잔을 채워주소서. 목마른 저의 영혼이 갈망합니다. 주님을 마주한 한나처럼 서 있으니 주님의 말씀을 이루소서. 눈을 들어 하늘을 바라보면서 '하나님이여 불쌍히 여기소서. 나는 죄인이로소이다'(눅 18:13)라고 말할 수밖에 없는 무가치한 종에게 오소서. 저에게도 '내가 너희를 쓸쓸히 내버려 두지 아니하고 너희에게 오리라'고 허락하신 언약을 이루어주소서."

주님 말씀의 풍성함

어떤 말씀이든 원하는 대로 선택하면 그 말씀들은 불꽃을 튀기고 빛을 반짝일 것이다. 또한 우리가 인용하는 구절의 풍성함에도 주목해야 한다. "내가 너희를 쓸쓸히 내버려 두지 아니하고 너희에게 오리라." 주님은 "거룩하게 하는 은총, 지탱하게 하는 자비, 혹은 소중한 자비를 보내 주겠다"라고 약속하시지 않는다. 오직 고아가 되도록 하지 않겠다고 말씀하실 뿐이다. "너희에게 오리라."

"주여, 주님의 은총도 달콤하지만 주님이 더 낫습니다. 포도도 좋지만 포도송이는 더 좋습니다. 주님의 손으로 건네시는 선물도 좋지만 그 손을 만지는 것에 비할까요! 주님의 말씀을 듣는 것도 좋지만 솔로몬의 아가서에 등장하는 여인처럼 그 입술에 입 맞추는 것에 비할 수 없습니다! 모든 것보다 주님이 훨씬 낫습니다!"

우리는 고아를 고아 신세에서 벗어나도록 도와줄 수 없다는 사실을 알고 있다. 고아에게 아주 친절하게 대하고, 필요를 공급하고, 그리고 해줄 수 있는 모든 일을 할 수 있지만 그래도 여전히 고아일 뿐이다. 아이는 아버지와 어머니를 되찾아야 한다. 그렇지 않으면 계속해서 고아일 뿐이다. 이 사실을 알고 계신 복된 주님은 우리를 위해 이렇게 저렇게 해줄 것이라고 말씀하시지 않는다. 오직 "너희에게 오리라"고 말씀하신다.

"너희에게 오리라"는 문장 속에 우리에게 필요한 모든 것이 들어 있음은 물론, 바랄 수 있는 모든 게 요약되어 있음을 알고 있는가? "아버지께서는 모든 충만으로 예수 안에 거하게 하시고"(골 1:19). 예수님이 오시면 '모든 충만' 역시 오게 된다. "그 안에는 신성의 모든 충만이 육체로 거하시고"(골 2:9). 예수님이 오실 때 하나님 자신이 성도를 찾아오시게 된다. 그러므로 언약의 언어와 그 풍성함에 주목해야 한다.

변하지 않는 언약의 지속성

더 나아가 언약의 지속적인 신선함과 능력에 주목하도록 하자. 당신이 누군가에게 돈을 빌린 다음 내일까지 갚겠다고 문서로 약속했다면 다음 날 그가 당신의 집으로 돈을 받으러 찾아올 것이다. 돈을 갚은 뒤에도 문서상의 약속이 소용 있을까? 더는 가치가 없다. 이행되었기 때문이다. 문서로 작성된 영원히 효력을 발휘하는 약속을 소유한다면 어떤 기분일까? 대단한 선물일 것이다. "나는 영원히 지급하겠고, 그리고 이미 수천 번 지급되었더라도 이 계약은 여전히 효력이 있음을 약속한다." 이 같은 내용의 수표를 누가 싫어할까? 그런데 이것은 예수님이 허락하신 약속이다. "내가 너희를 쓸쓸히 내버려 두지 아니하고 너희에게 오리라."

죄인이 난생처음 예수님을 바라볼 때 예수님이 그에게 다가오신다. 그다음에는 어떻게 될까? 물론 그다음에도 여전히 "너희에게 오리라"이다. 그렇다면 어떤 사람이 예수님을 50년간 알고 지냈고, 이 약속이 일 년에 천 번씩 이루어졌다고 가정해보자. 이 약속이 5만 번이나 성취되고 난 다음에도 다시 이루어질까? 물론이다! 이 약속은 예수님이 제자들에게 말씀하셨을 때처럼 여전히 신선하다. "너희에게 오리라."

우리가 이 지속성을 이해할 때 이 말씀을 가지고 주님께 가게 된다. 할 수 있는 한 자주 그분께 가게 된다. 그분은 결코 물리치시는 법이 없기 때문이다. 또한 우리가 주님이 자기 약속을 무엇보다 중요하게 여기심을 안다면 그분을 찾아가 더 자주 요구할 것이다. 우리는 이 말씀이 사실임이 무수하게 밝혀지고 난 이후에도 또다시 성취되기를 더욱더 갈망하고 갈급해할 것이다. "너희에게 오리라"는 말씀은 우리의 복된 양식이다. 마지막 순간에 맥박이 힘을 잃고, 이 세상을 떠나 눈으로 볼 수 없는 세상으로 들어가려고 할 때 당신의 입술을 열어 주님께 이렇게 말할 수 있다. "내가 너희를 쓸쓸히 내버려 두지 아니하고 너희에게 오리라."

전적으로 효과적인

"내가 너희를 쓸쓸히 내버려 두지 아니하고 [지금] 너희에게 오리라." 지금 쓸쓸한가? 그렇다면 당신의 잘못이다. 예수님은 우리를 내버려 두지도 않고, 또 쓸쓸하게 만드시지도 않는다. 이 말씀에는 풍성하고 소중한 의미들이 담겨 있다. "내가 너희를 쓸쓸히 내버려 두지 아니하고 너희에게 오리라." 다시 강조하면 이렇다. "[지금] 너희에게 오리라."

당신은 지금 영적으로 아주 메마른 시기를 보내고 있거나 예수님께 더 가까이 가기 위해 갈급해할 수 있다. 그렇다면 주님 앞에서 언약에 호소하라. "주여, 주님이 저에게 오시겠다고 말씀하셨으니 지금 오소서." 이같이 호소해야 하는 이유는 한둘이 아니다. 우리는 그분을 바란다. 우리는 그분이 필요하다. 우리에게는 그분이 요구된다. 그러므로 약속에 호소하고 약속의 성취를 기대하라.

우리 주님이 찾아오신다면 그 얼마나 기쁜 일인가! 그분은 침향과 육계의 향기를 발하는 옷을 입고 궁에서 나오는 신랑과 비슷하다!(시 45:8). 기쁨의 기름이 당신의 가슴을 채울 것이다! 그 즉시 거친 옷을 벗고 즐거움의 옷을 입을 것이다! 예수 그리스도께서 우리가 그분께 속했고, 그분이 우리에게 속했다고 속삭이실 때 우리의 무거운 영혼은 정말 즐거운 마음으로 노래하기 시작할 것이다! "사랑하는 이여, 주저하지 마소서. 산의 노루와 어린 사슴 같으소서(아 2:17 참조). 그리고 '내가 너희를 쓸쓸히 내버려 두지 아니하고 너희에게 오리라'고 하신 약속을 이루어주소서."

그런데 나는 주님의 약속을 공유하는 사람이 많지 않다는 점을 지적하고 싶다. 그들에 대해 무슨 말을 할 수 있을까? 예수님의 사랑이 무엇을 의미하는지 알지 못한다면 참으로 안타까운 일이다. 사랑 없이 하나님의 사람들이 누리는 즐거움만 기대한다면 한 시간도 견디지 못할 것이다.

그러므로 우리는 오직 신앙의 길을 통해 예수님을 만날 수 있음을 기억해야 한다. 그분을 신뢰하면 그분은 우리에게 속하실 것이다. 그분의 희생 공로를 의지하고 자신을 완전히 던지면 구원받게 되고 예수님이 우리의 소유가 된다.

"너는 두려워하지 말라. 내가 너를 구속하였고"(사 43:1).

:
:
:

예수님과
친밀한 교제를
나누려면

예수님의 구속의
언약을 기억하라

야곱아 너를 창조하신 여호와께서 지금 말씀하시느니라. 이스라엘아 너를 지으신 이가 말씀하시느니라. 너는 두려워하지 말라. 내가 너를 구속하였고 내가 너를 지명하여 불렀나니 너는 내 것이라. 이사야 43:1.

안타깝게도 나는 부름받은 전쟁을 제대로 수행하지 못했다. 그로 인해 최근에 중압감을 느낀 일이 있었지만 주님께 감사하고 금세 안도했다. 상당한 부담을 느낀 것이 사실이지만 주님은 이사야서 43장 1절의 말씀을 가지고 위로하셨다. "야곱아 너를 창조하신 여호와께서 지금 말씀하시느니라. 이스라엘아 너를 지으신 이가 말씀하시느니라. 너는 두려워하지 말라." 나는 자신에게 말했다. "나는 하나님이 창조하신 존재이다. 또 나는 그분이 지으신 존재이다. 그러므로 나는 무엇보다 그분이 나를 보내신 곳에 적합한 사람이 되어야 한다." 우리는 창조주가 그분의 사역에 필요한 도구를 만드신 후에 그분의 것이라는 표시를 하시지 않았다고 해서 비난하거나 의심할 수 있는 처지가 아니다. 이 의미를 이해하면 새로운 은혜를 경험할 수 있다.

우리는 영적 세계에서 은총의 역사를 통해 위안받을 뿐 아니라 창조의 순간에 주님이 행하신 일로 인해서도 위로받는다. 우리는 두려워할 필요가 없다는 말씀을 듣고 평안하게 행동한다. 우리를 만든 것은 우리 자신이 아니라 주님이심을 알기 때문이다. 주님은 우리를 통해 사랑이라는 목적을 달성하심으로 그분만의 독창적인 방법이 옳다는 것을 입증하실 수 있는 유일하신 존재이다.

이사야서 43장 1절은 나의 영혼에 언제나 큰 위로가 된다. 그 구절은 이렇게 이어진다. "너는 두려워하지 말라. 내가 너를 구속하였고." 이 사실에 자리 잡은 엄청난 위로를 생각해보라. 주님이 직접 우리를 구속하셨다. 바로 이 이유로 우리는 두 번 다시 두려움에 사로잡혀서는 안 된다. 우리가 이 실제적인 원칙을 실행하면 이제부터라도 즐거움을 누리거나, 아니면 적어도 하나님의 평안을 느낄 수 있다.

도저히 어찌할 수 없어
힘에 겨울 때

이번 장의 본문 구절은 일차적으로 주님이 자기 사람들이 어려움을 벗어나게 하신 일상적인 사례를 언급한 것일 수 있다. 주님은 우리 각자에게 '내가 너를 구속'했다고 거듭 말씀하셨다. 주님은 수많은 시련에도 능력의 오른손으로 우리를 구하셨다. 괴로움을 해결하시고(시 34:19) '우리를 끌어내사 풍부한 곳에' 들어가게 하셨다.

이 모든 도움을 돌아보면 주님이 마치 이렇게 말씀하시는 것 같다. "과거에 했던 일을 다시 할 것이다. 너희를 구해주었으니 언제든지 다시 구해줄 것이다. 내가 너희를 억압자의 손에서 끌어냈다. 내가 너희를 비난하는 사람의 혀에서 구원했다. 내가 가난의 짐을 견디게 해주었고 질병의 고통을 감당하게 해주었다. 나는 여전히 같은 일을 할 수 있다. 그런데 어째서 두려워하느냐? 이미 거듭해서 구원해주었는데 어째서 두려워하느냐? 용기를 내라. 확신하라. 네가 나이 들어 죽을 때까지 변함없이 힘 있게 도와줄 것이다."

본문을 다시 살펴보면 이집트에서의 위대한 구속을 거론하는 것처럼 보인다. 이 구절은 바빌론에서 포로가 된 하나님의 백성을 대상으로 한 것이었고, 그래서 우리는 주님이 이집트에서 행하신 놀라운 구속을 거론하셨다고 추측할 수 있다. 실제로 하나님은 이사야서

43장 3절에서 이렇게 말씀하셨다. "내가 애굽[이집트]을 너의 속량물로… 주었노라." 우리가 "애굽의 모든 보화"(히 11:26)에 관해 알고 있듯이 이집트는 거대하고 풍요로운 국가였지만 하나님은 이스라엘을 위해 지상의 모든 나라를 허락하시곤 했다. 이것은 하나님의 백성에게 엄청난 위로가 되었다. 그들은 계속해서 이집트와 홍해를 거론했고 그것을 민족의 노래로 삼았다.

이스라엘은 재앙과 재난과 시련을 겪을 때마다 주님이 노예생활을 하던 자신들을 구속하신 것을 회상하며 즐거워했다. 그들은 자신들의 맏아들을 나일강에 던져버리고, 세상의 어떤 군대도 철권통치를 감당할 수 없을 만큼 대단한 권력을 행사하던 폭군 밑에서 무기력하게 희망 없는 노예생활을 했다. 바로의 명령은 이집트 사람들에게 전능한 것으로 받아들여졌다. 그는 피라미드의 건설자였고 평화와 전쟁의 기술에 관한 지식에 능통했다. 이스라엘 사람들이 어떻게 그에게 맞설 수 있었겠는가?

그런데 여호와는 상상을 초월한 방법으로 그들을 구원하셨다. 그분이 내리신 재앙은 숨 돌릴 틈 없이 계속되었다. 무시무시한 주님의 화력이 원수들을 연속적으로 강타했다. 마침내 하나님은 이집트 사람들이 무엇보다 소중하게 여기던 장자들을 모두 죽이셨다. 그러자 이집트는 이스라엘이 떠나는 것을 기뻐했고 하나님은 그분의 백성들에게 은과 금을 가지고 나가게 하셨다. 그리고 이집트의 모든 군대는 홍해에서 무너지고 파괴되었고 이스라엘의 딸들은 해변에서 즐겁게 춤을 추며 악기를 연주했다.

　이집트에서의 구속은 하늘에서까지 기억될 정도로 엄청난 것이었다. 구약성경의 노래는 신약성경에도 기록되었다. 구속받은 사람들은 "하나님의 종 모세의 노래, 어린 양의 노래"(계 15:3)를 부르게 된다. 최초의 구속은 영원히 기억될 정도로 놀라운 것이었고, 또 다른 구속에 관한 예언이었다. 이스라엘 사람이라면 이집트에서 구속받은 이들을 위해 하나님이 행하신 일을 본받아 그분에 대해 확신해야 했다. 야곱의 후손에게는 단 한 명도 예외 없이 두려워하지 말아야 할 아주 충분한 이유가 있었다. 그런데도 나는 본문 구절을 사랑 때문에 우리를 속죄하시고 우리의 죄악을 피로 씻어주신 구속을 언급하는 것으로 받아들인다. 그 구속을 이와 같은 의미로도 생각해보자.

찾아오는 온갖
난처한 순간에

　　　이와 같은 초월적 구속을 떠올리면 난처한 순간에도 위로가 된다. 길이 보이지 않고 어떻게 행동해야 할지 알지 못할지라도 힘들어할 필요가 없다. 주 여호와는 어떤 난관이든지 벗어날 방법을 알고 계신다.

구속이 응답하는 순간, 해결할 수 없는 문제는 있을 수 없다. 오히려 정말 어려운 문제는 다음과 같은 것들이다. 하나님은 어떻게 정의로우면서도 죄인의 구세주가 되실 수 있을까? 그분은 어떻게 악과 맞서는 발언을 하시면서도 죄를 용서하실 수 있을까? 이런 문제들을 천사와 인간에게 맡기면 영원히 해결할 수 없을 것이다. 하지만 하나님은 값없이 그분의 아들을 보내셔서 문제를 해결하셨다.

우리는 예수님의 영광스러운 희생 덕분에 하나님의 정의가 확대되었다는 것을 알고 있다. 하나님은 복된 주님께 죄악의 무게를 고스란히 전가하셨고, 그분은 선택받은 이들과 하나가 되셨다. 예수님은 자신과 자기 백성을 동일시하셨고, 그로 인해 사람들의 죄가 전가되어 하나님의 검이 그분을 겨누게 되었다. 주님은 어쩌다가 희생되신 것이 아니라 자발적으로 고난을 겪으셨다. 예수님과 사람들의 관계는 하나가 되기로 계약을 맺음으로 절정에 달했고, 그로 인해 예수님이 고난을 받게 되셨다(눅 24:46).

여기에 온갖 난처한 순간을 모두 극복할 수 있는 지혜가 있다. 그러므로 불안에 떠는 당신의 불쌍한 영혼에게 이것을 적용해야 한다! 주님은 말씀하신다. "내가 너를 구속했다. 나는 이미 네가 죄 때문에 길을 잃은 미로에서 너를 끌어냈다. 그런즉 시험의 그물망을 벗어나고 시련의 미로를 통과하도록 인도할 것이다. 내가 맹인들을 그들이 알지 못하는 길로 이끌며 그들이 알지 못하는 지름길로 인도할 것이다(사 42:16). 내가 그들을 바산에서 돌아오게 하며 바다 깊은 곳에서 도로 나오게 할 것이다(시 68:22)."

주님을 향해 길을 가자. 내가 가는 길은 특히 어렵지만 "내가 알기로는 나의 대속자가 살아"(욥 19:25) 계시고, 그분이 바른길로 인도하실 것이다. 죽을 때까지 그분이 우리의 안내자가 되실 것이다. 당신은 알 수 없는 지역의 알려지지 않은 길을 무사히 지나도록 인도받게 될 것이고, 더불어 영원한 안식을 누리게 될 것이다.

영육이 가난할 때

우리가 영원히 엄청난 가난에 시달릴지라도, 혹은 주님의 사역에 필요한 도구를 활용하는 데 상당한 제약을 받을지라도 우리에게 부족한 것들이 공급되지 않을까 걱정하지 말자. 오히려 다음과 같은 말씀을 음악처럼 들으면서 걱정을 물리치자. "너는 두려워하지 말라. 내가 너를 구속하였고." 하나님께서 하늘에서 직접 굽어보시고 형제 대신 속전을 낼 사람이 없고(시 49:7), 모두 속절없이 빈털터리가 되었다는 것을 아셨다. 하지만 우리의 영적 가난에도 그분은 우리를 구속할 수 있는 방법을 찾아내셨다. 이것은 무엇을 의미할까?

성령께서 이 사실을 어떻게 활용하시는지 눈여겨보아야 한다. "자기 아들을 아끼지 아니하시고 우리 모든 사람을 위하여 내주신

이가 어찌 그 아들과 함께 모든 것을 우리에게 주시지 아니하겠느냐"(롬 8:32). 하나님은 무엇이든지 주실 수 있다. 하나님이 우리에게 예수님을 허락하신 이상 일부가 아니라 '모든 것'을 주실 것이다. 생활필수품 가운데 그 어떤 것도 주님이 이미 허락하신 엄청난 것과 비교할 수 없다. 하나님의 아들이라는 무한한 선물은 '모든 것'에 포함될 수 있는 그 무엇보다 훨씬 크다. 그러므로 가난하고 부족한 사람은 "너는 두려워하지 말라. 내가 너를 구속하였고"라는 말씀을 의지함으로 용기를 낼 수 있다. 그럼으로써 난처함과 가난함이 효과적으로 해결된다.

무가치하다고
느껴질 때

가끔 우리는 자신이 무가치하게 느껴질 때 괴로워한다. 하나님이 사소한 문제에까지 관심을 두실 것이라고 기대하는 것은 너무 지나칠 수 있다. 비록 다윗이 "나는 가난하고 궁핍하오나 주께서는 나를 생각하시오니"라고 말하기는 했지만 우리는 다윗처럼 말할 수 있는 준비가 되어 있지 않다. 우리의 슬픔이 주님이 관심을 보이실 정도로 그리 대단하지 않다는 쓸데없는 생각을 하게 되면 슬픔은 더 커진다.

나는 우리가 겪는 말할 수 없는 고통이 하늘에 계신 아버지께 털어놓기를 주저하는 사소한 염려에서 비롯된다고 생각한다. 우리의 자비로우신 하나님은 그런 부질없는 생각을 다음과 같은 말씀으로 완전히 잠재우신다. "너는 두려워하지 말라. 내가 너를 구속하였고." 당신은 자신이 생각하는 것처럼 무가치한 존재가 아니다. 주님은 그분의 거룩한 소유를 허비하시는 법이 없다. 그분은 값을 치르고 사셨기 때문에 당신을 무척이나 신뢰하신다. 주님의 말씀에 주목해야 한다. "네가 내 눈에 보배롭고 존귀하며 내가 너를 사랑하였은즉 내가 네 대신 사람들을 내어주며 백성들이 네 생명을 대신하리니"(사 43:4).

놀랍게도 하나님은 우리 대신 예수님을 내어주실 정도로 우리를 생각하신다. "사람이 무엇이기에 주께서 그를 생각하시며"(시 8:4). 하나님의 마음은 사람에 대한 사랑으로 가득하다. 당신은 하나님께서 독생자를 세상에 보내셔서 사람이 되게 하셨다는 사실을 알지 못하는가? 인간이 되신 예수 그리스도는 모두 무릎을 굽혀 경배해야 할 이름이다(빌 2:10). 예수님은 아버지께 사랑스러운 존재이기에 자신을 위해 선택한 이들이 그분께 용납되고, 누구보다 자유롭게 나아갈 수 있게 만드셨다. 그러므로 우리는 자신 있게 노래할 수 있다.

하나님은 가깝고, 아주 가깝고,
우리는 불가능할 정도로 더 가깝다.

하나님의 아들 덕분에

우리는 그분만큼 가깝다.

우리의 머리카락까지 남김없이 세신 바 되었기에(마 10:30) 가장 작은 짐까지도 주님께 맡길 수 있다. 우리는 감당할 필요가 없는 근심거리를 벗어버려야 한다. "그가 너희를 돌보심이라"(벧전 5:7). 그분이 우리를 구속하셨기에 절대 우리를 잊지 않으신다. 그분은 우리를 손바닥에 새기시고(사 49:16), 우리의 이름을 깊이 기록하심으로 상처를 입으셨다. 예수님은 우리를 구속하는 십자가를 지시기 위해 우리에게 몸을 낮추셨다. 그러므로 자신이 무가치하다는 생각 때문에 두려워해서는 안 된다.

"야곱아 어찌하여 네가 말하며 이스라엘아 네가 이르기를 내 길은 여호와께 숨겨졌으며 내 송사는 내 하나님에게서 벗어난다 하느냐. 너는 알지 못하였느냐. 듣지 못하였느냐. 영원하신 하나님 여호와, 땅끝까지 창조하신 이는 피곤하지 않으시며 곤비하지 않으시며 명철이 한이 없으시며 피곤한 자에게는 능력을 주시며 무능한 자에게는 힘을 더하시나니"(사 40:27-29). 우리 주님은 이스라엘의 무가치한 사람들을 기억하신다. 그분은 어린 양을 '품에' 안고 인도하신다(사 40:11).

변덕스럽게 느껴질 때

우리가 쉽게 변하는 모습을 떠올리면 다소 낙심될 수도 있다. 당신이 나와 비슷할 수는 있어도 늘 똑같지는 않을 것이다. 가끔 나는 기분이 아주 좋다가도 곧잘 가라앉는다. 어떤 때는 들떠 있다가도 또 어떤 때는 의심과 두려움 때문에 한밤처럼 어두워진다. 아주 용맹했던 엘리야마저 한때 의기소침했다. 이 때문에 우리는 비난받을 수밖에 없지만 그렇다고 해서 달라질 것은 없다. 우리의 삶에는 4월의 한 날처럼 비와 햇살이 번갈아 찾아온다. 변화가 심할 때 다음과 같은 주님의 음성을 듣게 되면 즐겁다. "너는 두려워하지 말라. 내가 너를 구속했다." 모든 것이 쉽게 변하지 않는다. 어딘가에는 바위가 있다. 구속은 흔들림 없는 사실이다. "십자가는 든든히 서 있다. 할렐루야!"

값이 치러졌다. 속전이 건네진 것이다. 이제 마무리되었으니 돌이킬 수는 없다. 예수님은 말씀하신다. "내가 너를 구속했다." 우리 생각이 바뀔 수도 있지만, 그렇다고 해서 예수님이 우리를 위해 값을 치르신 사실과 예수님의 보혈 덕분에 하나님의 소유가 되었다는 사실은 달라질 수 없다. 주 하나님은 우리의 구원이 예수 그리스도 안에서 확실하다는 것을 이미 여러 차례 보여주셨다. 건축을 시작하신 하나님이 마무리하시지 않을까? 하나님이 영원한 계약의 기초를 놓으시고, 그분의 어린 양으로 벽을 봉헌하시고, 지니고 있던 최고의 보화, 곧 그분이 선택하신 소중한 존재를 모퉁잇돌이 되도록 포기하시고 나서 직접 시작하신 일을 끝내시지 않을까? 하나님이 우리를 구속하셨다면 그 행위를 통해 우리에게 모든 것을 보증하신 것이다.

하나님의 선물이 이 구속과 어떻게 결합하는지 살펴보자. "내가 너를 구속하였고 내가 너를 지명하여 불렀나니"(사 43:1). "하나님이 미리 아신 자들을 또한 그 아들의 형상을 본받게 하기 위하여 미리 정하셨으니 이는 그로 많은 형제 중에서 맏아들이 되게 하려 하심이니라. 또 미리 정하신 그들을 또한 부르시고 부르신 그들을 또한 의롭다 하시고 의롭다 하신 그들을 또한 영화롭게 하셨느니라"(롬 8:29-30).

구속의 언약을
기억하라

여기 서로 연결되어 분리할 수 없는 사슬이 있다. 하나님이 언약하셨다면 철회하시지 않을 것이다. 하나님이 직접 서원하셨다면 반드시 지키실 것이다. 하나님이 언약과 서원의 차원을 넘어서시고, 이 때문에 제물이 바쳐지고 계약이 효력을 갖게 된 이상 나중에 그분이 결단을 취소하시고 엄숙한 서약을 철회하실지 모른다고 의심하는 것은 신성 모독일 수 있다. 하나님은 결코 언약을 파기하시는 법이 없다. 따라서 하나님의 구속은 효력을 발휘하게 될 것이고, 그 과정에서 우리를 위해 모든 것이 확실하게 보증될 것이다. "누가 우리를 그리스도의 사랑에서 끊으리요"(롬 8:35).

우리에게 남겨진 핏자국으로 인해 우리는 두려움에서 넉넉히 벗어날 수 있다. 우리가 어떻게 무너질 수 있을까? 우리가 어떻게 도움이 필요한 순간에 버림받을 수 있을까? 구속자가 아주 큰 값을 치르셨기에 우리는 무시될 수 없다. 그러므로 확신을 두고 행진하면서 구속자가 들려주시는 말씀에 귀를 기울이자. "네가 물 가운데로 지날 때에 내가 너와 함께할 것이라. 강을 건널 때에 물이 너를 침몰하지 못할 것이며 네가 불 가운데로 지날 때에 타지도 아니할 것이요 불꽃이 너를 사르지도 못하리니"(사 43:2).

우리 주님은 그분이 구속한 사람들에 대해 원수에게 이같이 말씀하실 것이다. "나의 기름 부은 자에게 손을 대지 말며 나의 선지자를 해하지 말라"(대상 16:22). 주님은 "별들이… 다니는 길에서"(삿 5:20) 주님께 몸값을 요구하는 자들과 싸우신다. 그들의 눈이 열려 있다면 "불말과 불병거가 산에 가득"(왕하 6:17)한 것을 목격하게 될 것이다.

지쳐버린 나의 심장이 어떻게 구속의 사랑을 누릴 수 있을까! 그것이 없었다면 쓰러져서 죽었을 것이다. 친구들에게 외면당하고, 원수들에게 둘러싸이고, 어디서나 수모를 겪고, 물리칠 수 없는 교묘한 고통과 잔꾀에 시달릴 뿐이다. 하지만 만물의 주님은 계약의 피로써 죽은 자 가운데에서 살리시고 계약의 피로써 죄인을 풀어주신다. "네가 힘 있는 자를 밟았도다"(삿 5:21)라는 말씀으로 두려워하는 자들로 평안을 누리게 하신다. 주님은 이렇게 말씀하셨다. "너는 두려워하지 말라. 내가 너를 구속했다."

교제를 힘들게 하는
것들을 제거하라

요한이 그에 대하여 증언하여 외쳐 이르되 내가 전에 말하기를 내 뒤에 오시는 이가 나보다 앞선 것은 나보다 먼저 계심이라 한 것이 이 사람을 가리킴이라 하니라. 우리가 다 그의 충만한 데서 받으니 은혜 위에 은혜러라. 요한복음 1:15-16.

주 예수님은 줄곧 인자들을 기뻐하셨다(잠 8:31). 언제든지 그 기쁨을 자기 사람들에게 계시하고 전달할 수 있는 준비를 하고 계신다. 하지만 우리는 종종 애정에 보답하지 못하거나 제대로 교제를 누리지 못해 볼품없는 상태로 전락하고 만다. 또는 주님을 무심하게 대하거나 흥미를 갖지 않는다. 그런데도 우리를 위해, 그리고 우리 안에서 특별한 일이 진행됨으로써 주님과 대화를 나누고 그분과 하나 되는 것을 느낄 수 있게 되었다.

예수님과의 교제는 주고받음으로써, 즉 의사소통하고 수용함으로써 시작되고 유지된다. 나는 이 상호 간의 의사소통 가운데 하나를 이번 장의 주제로 결정했다. 본문 구절을 자세히 살펴보자. "우리가 다 그의 충만한 데서 받으니 은혜 위에 은혜러라"(요 1:16). 은혜의 삶은 주 예수님을 통해 시작되었듯이 그분에 의해 변함없이 지속된다. 우리는 언제나 이 거룩한 샘에서 물을 마시고 이 거룩한 뿌리에서 수액을 구한다. 예수님은 자비를 베푸시고 교제하시기 때문에 그것을 받아들이고 교제하는 것은 우리의 특권이다.

잃어버린 교제의 기회

예수님과 우리는 서로 다르다. 그분은 구체적인 교제를 나누지 않으면 우리에게 아무것도 주시지 않는다. 하지만 어쩌다가 우리는 사귐이 없는 부적절한 방식으로 그분의 방문을 받을 때가 있다. 그러면 그것을 누릴 좋은 기회를 얻지 못한다. 우리는 은총을 의식하지 못하면서 누릴 때가 많다. 우리의 등불이 거룩한 기름으로 유지되는 동안에도 그것의 은밀한 영향을 알지 못한다. 우리는 둔해서 전혀 자비를 깨닫지 못한 채 많은 것을 누릴 수 있다. 또 어떤 때는 그것이 축복임을 알면서도 예수 그리스도와 맺은 언약 때문이라는 것을 확인하려고 들지 않는다.

우리는 예루살렘의 어려운 성도들이 마게도냐와 아가야 지역 그리스도인들에게 도움을 받았을 때(롬 15:26)처럼, 대개는 너그러운 헌금을 보내 친교를 표시한 것에 감사했다. 하지만 우리 가운데 일부는 선물의 물질적인 성격만 바라보다가 그 이면의 정성을 확인하지 못했을 수도 있다. 사실 도움을 받은 사람 중 일부는 어려운 시절이 지나면 자신을 도운 그리스도인들과의 친교를 의식하기보다 궁핍이 사라졌다는 사실을 더욱 크게 강조할 수도 있다. 그들은 친교의 실천보다 기근이 물러간 것을 더 기뻐한다. 대체로 교회가 돈으로 친교를 보여주려고 할 때는 실패한다. 상대방이 베푸는 사람들과 교제한다는 느낌을 전혀 받지 못하기 때문이다.

그런데 이런 슬픈 사실은 내가 제기할 훨씬 더 안타까운 사례들 가운데 하나에 불과하다. 교회로부터 도움을 받는 상당수의 사람이 선물에 담겨 있는 영적 교제에 민감하지 않은 것처럼, 주님의 사람들도 예수님으로부터 선물을 받으면서도 그분과의 교제에는 그다지 관심을 보이지 않는다. 오히려 대부분은 그분의 선물이 특권이라는 것을 기억하지 못하고 이것을 제대로 인식하지 못한다. 더 나쁜 것은 성도들이 예수님의 선물을 자신들의 죄악과 부도덕함을 유지하는 데 활용할 때도 있다는 것이다!

우리 역시 옛날 이스라엘 사람들의 변덕스러움으로부터 자유롭지 못하다. 다음의 성경 구절은 주님이 우리에게 들려주시는 말씀일 수 있다. "내가 네 곁으로 지나며 보니 네 때가 사랑을 할 만한 때라. 내 옷으로 너를 덮어 벌거벗은 것을 가리고 네게 맹세하고 언약하여 너를 내게 속하게 하였느니라. 나 주 여호와의 말이니라. 내가 물로 네 피를 씻어 없애고 네게 기름을 바르고 수놓은 옷을 입히고 물돼지 가죽신을 신기고 가는 베로 두르고 모시로 덧입히고 패물을 채우고 팔고리를 손목에 끼우고 목걸이를 목에 걸고 코고리를 코에 달고 귀고리를 귀에 달고 화려한 왕관을 머리에 씌웠나니 이와 같이 네가 금, 은으로 장식하고 가는 베와 모시와 수놓은 것을 입으며 또 고운 밀가루와 꿀과 기름을 먹음으로 극히 곱고 형통하여 왕후의 지위에 올랐느니라. 네 화려함으로 말미암아 네 명성이 이방인 중에 퍼졌음은 내가 네게 입힌 영화로 네 화려함이 온전함이라. 나 주 여호와의 말이니라. 그러나 네가 네 화려함을 믿고 네 명성을 가지고 행음하되 지나가는 모든 자와 더불어 음란을 많이 행하므로 네 몸이 그들의 것이 되도다"(겔 16:8-15).

하나님에 대한 믿음을 고백하는 사람들 대부분이 이런 잘못을 사실로 인정하면 안 될까? 안타깝게도 우리 대부분이 순수한 사랑과 단절된 것이 아닐까? 그런데도 우리는 주님을 가까이하고 달콤한 친교에 익숙한 다른 사람들의 모습을 구경하는 것을 좋아한다. 그들은 언약과 축복을 허락받아 그것들을 소화시켜 혈관을 맴도는 좋은 혈액으로 만든다. 그들은 주님을 먹고 그분에게까지 자라난다

(엡 4:15). 우리는 그들의 순수한 마음을 본받고 커다란 즐거움을 누려야 한다.

예수님과의
달콤한 교제

누구보다 부족한 우리가 "그[하나님]의 마음에 맞는" (삼상 13:14) 다윗을 닮지 않아야 할 이유는 없다. 우리는 지금 어린아이와 같을 수 있지만 얼마든지 성장할 수 있다. 그러므로 우리는 더 높은 수준을 목표로 삼아야 한다. 우리는 다음의 충고와 그것을 실천하는 데 있어 성령님의 도움을 받아 주님과의 달콤한 사귐을 지속하는 이들과 같은 높은 경지에 도달할 수 있다.

언제나 그분을 맞이하라.

힘들 때마다 주님을 맞이하는 순간으로 삼아야 한다. 우리가 그분을 두 팔로 안을 때까지 자비의 자리를 떠나서는 안 된다. 주님은 힘겨운 순간마다 우리에게 도움이 되는 은총을 주시겠다고 약속하셨다(히 4:16). 이처럼 약속된 도움과 달콤한 사귐을 누리지 못하게 방해하는 것은 무엇일까? 마지못해 주어지는 다른 사람의 자선에 만족하는 거지를 닮아서는 안 된다. 오히려 예수님이 허락하시는 웃음과 입맞춤과 모든 축복을 추구해야 한다. 우리는 예수님의 가족이기 때문이다.

그분 자신이 그분의 자비보다 더 낮지 않을까? 그분 없는 자비가 무슨 소용이 있을까? 그분이 들으실 수 있게 크게 외치라. "나의 주님, 주님의 자비를 누리는 것만으로는 충분하지 않습니다. 주님도 가져야 합니다. 주님의 자비와 함께 주님을 허락하시지 않으면 그것은 저에게 소용이 없습니다! 주님이 축복하실 때 미소를 지어 주소서. 그렇지 않으면 축복은 여전히 저의 것이 아닙니다! 주님은 정원의 모든 꽃이 향기를, 향기로운 것들이 그 맛을 드러내게 하십니다. 주님이 모습을 감추시면 그것들은 더는 저에게 의미가 없습니다. 그러므로 나의 주님, 오셔서 주님의 자비와 사랑을 저에게 허락하소서."

그리스도인이라면 자비의 손길이 사귐이라는 음을 정확하게 연주할 수 있도록 바른 생각을 가져야 한다. 돌봄을 받으면서도 그것을 누리지 못한다면 정말 슬픈 일이다! 하지만 종종 이런 일이 성도들에게 일어난다. 주님은 우리의 문 앞에 끝없이 축복을 내려놓으시지만 우리는 밖을 내다보면서도 마치 형편없는 일꾼을 대하듯 그분께 감사하는 법이 없다. 감사를 모르는 우리의 마음과 혀는 감사를 표현할 수많은 기회를 놓치게 만들어 교제를 망쳐버린다.

은총의 공급을 의지하라.

은총을 누리며 주 예수님과 사귀고 싶다면 그분의 공급을 받는 일에도 늘 힘써야 한다. 결핍을 솔직히 인정하고 은총이 공급되면 온 힘을 다해 받아들여야 한다. 감사하지 않으면 자비는 있을 수 없다. 주님의 도우심을 낱낱이 기록해야 한다. 어째서 주님의 자비가 어둠 속으로 서둘러 사라지고 망각에 파묻혀야 하는 것일까? 언제든지 영혼의 문을 열어 놓고 성령 하나님이 주 여호와 예수님으로부터 시간마다 당신의 마음에 전달하는 소중한 은총을 지켜보면서 길가에 앉아 있어야 한다.

단 한 시간도 하늘의 은행을 의지하지 않은 채 흘려보내서는 안 된다. 결핍이 모두 충족된 것 같아도 또다시 어려운 순간이 닥칠 때까지 확고하게 의지해야 한다. 그리고 지체해서는 안 된다. 결핍을 증거 삼아 보물 창고를 향해 또다시 발길을 서둘러야 한다. 당신에게는 필요한 것이 너무 많기에 예수님이 채워주시기를 간구하지 않을 이유가 없다. 그런 순간이 발생하면 마음을 열어야 한다. 그러면 사랑이 부족한 자리가 채워질 것이다.

꾸며낸 부요함 때문에 주 예수님이 허락하시는 매일의 축복을 가로막아서는 안 된다. 주님은 언제나 필요하다. 그분의 중보, 그분의 지지, 그분의 거룩하게 하심이 필요하다. 당신이 맡은 일을 모두 감당하고 주님이 다시 오실 날까지 자신을 보존하기 위해서는 그분이 필요하다. 인생에는 예수님과 무관하게 행동해야 하는 순간이 존재할 수 없다. 그러므로 늘 그분의 문에 서 있어야 한다. 그러면 당신이 불평하는 결핍이 구세주께로 마음을 돌리도록 일깨워주는 역할을 하게 될 것이다.

갈증은 물을 찾도록 만들고 고통은 의사를 떠올리게 한다. 결핍 역시 우리를 예수님께 인도하고 복되신 성령님이 그분을 계시하시게 할 수 있다. 그분은 사랑을 풍성하게 공급하신다! 궁핍한 그리스도인이여, 자신의 결핍을 밧줄 삼아 넉넉한 예수님께로 나아가라. 약점을 자신에게 필요한 은총을 받기 위한 빈자리로 삼는 것을 즐거워하라. 구속자와 영원한 친교를 나누지 않을 수 없게 만드는 결핍을 기뻐하라. 그분은 마땅히 경배받으셔야 한다.

자신을 살펴보라. 주부가 물건을 보관하려고 방을 살피듯이 부족한 부분을 확인하라. 예수님의 더 많은 은총으로 채우기 위해 방을 살피듯이 결핍된 부분을 살펴야 한다. 구석까지도 그대로 내버려두어서는 안 된다. 무엇이든지 더 위대한 것들을 추구하도록 분발하는 데 활용해야 한다.

주 예수님께 메마른 강바닥이 차고 넘칠 수 있도록 부르짖으라. 지금껏 자기도취만 흐르던 수로를 비우라. 넘치는 은총으로 그것 역시 채워달라고 주님께 간구하라. 힘겨운 시련으로 인해 그분의 밀물 같은 홍수에 더 깊이 가라앉게 되면 기뻐하라. 그리고 당신이 타고 있는 배가 침몰하기 시작해도 두려워 말라. 나는 깊은 바다에 나의 영혼이 완전히 가라앉을지라도 기뻐할 것이다. 이것은 러더포드의 고백과 같다. "이 우물에서는 한껏 누릴 수 있다! 예수님의 사랑이 나에게 들어오게 하기보다 내가 그 안으로 들어가서 그 사랑에 삼켜 지고 싶다!"

예수님과 주고받는 사귐을 한없이 추구하고 끝까지 갈급해 하도록 힘써야 한다. 당신의 심장이 낙원에서 충족되기 전까지 "주소서! 또 주소서!"라고 영원히 외치라.

예수님의 겸손한 사랑으로 극복하고
그분과 사귐을 갖고
그리고 그분의 집에서 포도주를 함께 마시니
나는 사랑에 질렸다.
하지만 나는 사랑하는 주님과
더 자주 교제하기를 여전히 갈망한다.

이것은 용납될 수 있는 유일한 탐욕이다. 비난과 무관할 뿐 아니라 오히려 칭찬받을 만한 것이다. 그리스도인들은 욕심을 내서 구세주의 끝없는 충만함을 더 많이 누려야 한다! 나는 당신이 주님과 지속적으로 사귐을 갖도록 부탁한다. 그분이 당신을 교제로 초대하고 자신의 풍성함에 참여하도록 명령하시기 때문이다.

받은 자비를 누리라.

당신의 영혼이 이제까지 하나님이 직접 베푸신 자비로 인해 즐거움의 강에서 기쁨을 만끽하게 하라. 성도가 예수님을 완전히 확신하고 그분을 즐거워하는 것이 바로 사귐을 실천하는 것이다. 주님 안에서 기뻐하고 그분의 축복을 즐기라!

주님의 호의, 풍성함, 자유, 그리고 부단함을 바라보라. 감사를 모르는 태도로 그것들을 덮을 수 있을까? 무관심이라는 겉옷으로 그것들을 가릴 수 있을까? 그럴 수 없다! 나는 그분을 찬양할 것이다. 나는 그분을 높이지 않을 수 없다. "달콤한 주 예수여, 저로 주님의 먼지 묻은 발에 입 맞추게 하소서. 저의 모습은 사라지고 감사만 있게 하소서. 저를 돌보시는 주님의 생각이 소중하기 때문입니다. 그 수가 어찌 그리 많은지요!(시 139:17 참조). 저는 기쁨과 감사의 두 팔로 주님을 안고 이것을 통해 저의 영혼이 주님께 나아가고 있음을 깨닫게 됩니다!"

이것이 복된 사귐의 한 방법이다. 이것은 성화 된 사랑의 입술로 거룩한 은총의 입술에 입 맞추는 것이다. 은총을 더욱 즐거워하면 할수록 더 자주 마음의 노래를 부를 수 있고 더 자주 영혼의 멜로디를 부를 수 있다!

자비의 근원을 확인하라.

우리의 머리 되시는 주님이 자비의 유일한 근원이심을 깨닫도록 힘써야 한다. 닭은 물을 먹을 때마다 하늘을 향해 머리를 든다. 마치 감사하는 것 같다. 마찬가지로 우리도 축복받을 때마다 하나님께 감사해야 한다. 그분이 우리의 축복의 근원이시기 때문이다. 우리에게 칭찬받을 만하거나 눈여겨볼 것이 조금이라도 있다면 그것은 성령으로 인함이다. 성령님은 일차적으로 예수님께 허락을 받고 그분을 통해 우리를 찾아오신다.

아론의 머리에 부어진 기름은 옷으로 흘러내렸다. 은총의 기름 방울이 떨어지는 것을 바라보면서 그것들이 머리 되시는 예수 그리스도로부터 흘러내리는 것임을 명심해야 한다. 우리의 모든 빛은 의의 태양으로부터 비롯된 것이다. 우리의 모든 샘은 이처럼 위대하고 측량할 수 없을 만큼 깊은 곳에서 솟아난 것이다. 축복받을 때마다, 자비를 누릴 때마다 예수님의 손을 확인할 수 있는 은총이 허락된다! 이와 같은 방식으로 사귐은 부단히, 그리고 확고하게 경험될 것이다!

"위대한 스승이신 성령님, 언약 된 자비를 예수님께로 이어지는 길의 표지로 삼게 하셔서 영원히 그분께로 인도하소서." 사랑하는 분의 애정어린 섭리의 발걸음을 따라 은밀한 거처를 발견하는 법을 깨닫는 그리스도인은 행복하다. 여기에 지혜가 존재한다. 그러므로 주님의 은총이 당신에게 계시하는 단서를 남김없이 부지런히 확인해야 한다.

전적으로 의지하라.

예수님과의 달콤한 교제는 그분의 선하신 뜻을 전적으로 의지하는 느낌을 이어가면서 풍성함을 최대한 누릴 때 지속된다. 오래된 만나를 의지하거나 이집트에서 받았던 도움을 쫓아서는 안 된다. 모든 것을 예수님께 의지해야 한다. 그렇지 않으면 영원히 바로 서지 못한다. 오래전에 기름 부음을 받은 것으로는 부족하다. 지금 우리 머리에 지성소의 황금 뿔에 담긴 기름이 부어져야 한다. 그렇지 않으면 영광은 자취를 감추게 될 것이다.

오늘 우리가 하나님의 산 정상에 있을지 모르지만 그곳에 있게 하신 바로 그분이 거기에 계속 있게 하시는 것이다. 그렇지 않으면 상상한 것보다 훨씬 더 빨리 가라앉을 수 있다. 우리가 서 있는 산은 하나님이 정해주신 자리에서만 확고하게 설 수 있다. 하나님이 얼굴을 가리시면 금세 어려움에 부닥친다. 만일 구세주가 철저하게 살피신다면 지금 우리가 바라보고 있지만 그분이 당장이라도 어둡게 만드실 수 있는 하늘의 빛을 비추는 창이 존재할 수 없다. 여호수아는 태양에게 멈추라고 명령했다. 하지만 예수님은 태양을 완전한 암흑으로 가리실 수 있다. 그분은 당신의 즐거운 마음, 당신의 시력, 그리고 당신 삶의 활력을 가져가실 수 있다. 당신의 위로는 그분의 손에 달려 있다. 그분이 마음먹기에 따라서는 불가능할 수도 있다.

우리가 감사하지 않을지라도 계속해서 공급되고 멈추는 법이 없는 은총이 얼마나 풍성한지 모른다! "주 예수님, 주님 없이 그 무엇도 도무지 행할 수 없음을 알고 있는 우리가 주님의 발 앞에 경배합니다. 우리로 모든 은혜를 특권처럼 누리게 하시니 주님의 복된 이름을 찬양하고 주님의 사랑이 끝없음을 인정합니다.”

하나님의 한없는 풍성함을 찬양하라.

만일 많이 받았다면 끝없이 이어지는 풍성함을 찬양해야 한다. 그로 인해 우리는 그분께 받은 것은 물론이고 소중히 간직하는 넘치는 풍성함 덕분에 함께 교제하게 될 것이다. 주님이 베풀어주시는 것은 바닥이 드러나지 않는다는 사실을 늘 기억해야 한다. 하늘의 저수지를 떠도는 구름이 메마른 대지에 큰비를 뿌릴지라도 빗물 저장고는 여전히 차고 넘친다. 마찬가지로 지구가 만들어진 이후로 줄곧 무엇보다 소중한 은총의 비가 쏟아졌지만 예수님 안에서는 늘 끝없는 은총을 공급받을 수 있다.

태양은 빛을 모두 발하고 나서도 여전히 밝다. 바다는 구름을 형성하느라 수분이 빠져나가도 여전히 물이 가득하다. 마찬가지로 우리 주 예수님은 늘 변함없이 흘러넘치는 풍성한 샘이다. 이 모든 것이 우리 것이기에 이 사실을 사귐의 화젯거리로 삼을 수도 있다. 땅의 거리와 넓이를 헤아리면서 걸어보라. 그 땅은 당신이 눈으로 보는 만큼 당신의 소유일 뿐만 아니라 그 이상이 당신의 몫이기 때문이다. 그 모두가 자비하신 구속자와 친구가 되시는 분의 은혜로운 선물이다. 이것이 친교를 나눠야 할 충분한 이유가 될 수 없을까?

자비를 경험할 때마다 확신하라.

영적인 자비를 경험할 때마다 주님이 당신과 교제하고 있음을 확신하라. 어떤 청년이 결혼하고 싶어 하는 자매에게 청혼 반지를 건네면 그녀는 그것을 그가 자신을 사랑한다는 상징으로 여긴다. 성도들도 주님의 소중한 선물을 그렇게 대해야 한다. 모든 사람이 섭리라는 공통의 선물을 함께 나눠 갖는다. 지혜로운 주인은 자녀는 물론 돼지들에게도 골고루 물을 먹인다. 그러나 그것이 하나님의 무차별성을 보여주는 증거가 될 수는 없다.

우리에게는 더욱더 풍성히 먹을 수 있는 양식이 있다. "자녀의 떡"(마 15:26)이 우리의 몫이다. 의로운 사람의 유산은 우리에게만 국한된다. 그러므로 마음으로 모든 은총의 동작을 헤아리면서 구세주의 마음이 우리에게로 향하고 있음을 알리는 표시와 상징으로 여겨야 한다. 그분이 우리에게 베푸시는 자비마다 그분의 진심이 담겨 있다. 선물마다 사랑의 입맞춤으로 표시해 두셨다. 그분은 자비라는 보석을 그분의 한없는 사랑의 상징으로 받아들이기를 바라고 계신다.

우리의 양자 됨, 칭의, 그리고 보존을 주님과의 교제에 필요한 달콤한 유혹으로 받아들이라. 당신의 귀에 언약의 모든 음이 사랑의 식탁에 초대하기 위해 주님의 집에서 울려 나오는 종소리처럼 들려야 한다. 요셉은 이집트의 귀한 물건들을 나귀에 실어 아버지에게 보냈고, 이미 나이를 먹은 야곱은 아들 사랑의 마음이 담긴 표시로 분명히 받아들였다. 예수님의 친절을 그보다 못한 것으로 생각해서는 안 된다.

축복의 가치를 파악하라.

주님이 베푸시는 축복의 가치를 확인하는 데 힘써야 한다. 그것은 옷에 달린 장신구나 인조 보석처럼 흔하고 가치 없는 것이 아니다. 오히려 너무 소중하기에 하늘나라의 보화가 바닥나면 주님의 호의에도 조금도 구할 수 없다. 물론 구속자의 귀한 제물은 그것과 무관하다. 우리가 용서받을 때마다 거기에 얼마나 큰 축복이 담겨 있는지 살펴보아야 한다! 예수님이 불에서 구해주시지 않았다면 지옥이 우리의 영원한 소유가 되었을 것이기 때문이다.

예수님이 가르치신 의로움을 눈으로 확인할 수 있다면 그것이 온갖 소중한 것들로 만들어졌다는 사실에 감사하게 될 것이다. 슬픔의 사람(예수님 – 옮긴이)이 비길 데 없는 옷감을 짜는 순종의 베틀에서 얼마나 자주 힘겨워하셨는지 떠올려보라. 그리고 가능하다면 새로운 실로 천을 짤 때마다 얼마나 많은 소중한 공로가 포함되었는지 생각해보라!

하늘나라 천사가 모두 달려들지라도 주님의 완벽한 의로움이라는 천을 짜는 데 필요한 실을 단 한 가닥도 준비하지 못한다는 사실을 기억해야 한다. 한 시간 동안 우리를 유지하는 데 드는 비용이 얼마인지 헤아려보라. 우리에게 필요한 것은 성도들이 채울 수 있는 은총의 창고를 모두 동원할지라도 한순간도 감당할 수 없을 만큼 대단한 규모이다.

우리는 정말 소중한 존재들이다! 솔로몬 왕이 자신의 살림살이에 소모한 양은 대단했다(왕상 4:22). 하지만 그가 먹던 고기와 고운 밀가루는 우리에게 매일 필요한 것과 비교하면 양동이에 떨어지는 한 방울의 물에 불과할 수 있다. 강물 같은 기름과 무수한 가축(미 6:7 참조)도 우리의 주린 영혼의 필요를 충분히 채우지 못할 수 있다. 우리의 가장 작은 영적 필요를 채울지라도 한없이 필요하다. 우리가 영구적으로 주님께 반복해서 요구하는 전체 양은 믿기 어려울 정도이다!

그러므로 일어서서 값으로 따질 수 없는 풍성함을 허락하신 주님을 찬양하라. 당신의 신랑이 돈 한 푼 없는 가난한 배우자를 위해 얼마나 많은 지참금을 가져오셨는지 확인해보라. 그분은 우리에게 허락하신 축복의 가치를 알고 계신다. 더없이 소중한 심장의 피로 값을 치르셨기 때문이다. 얼마 안 되는 가치를 지닌 것처럼 무시하듯이 인색하게 굴어서는 안 된다. 언제나 풍족하게 부를 누리는 사람들보다 가난한 사람들이 돈의 가치를 더 잘 안다. 과거의 어려움이 예수님이 베푸시는 은총의 소중함을 일깨울 수는 없는 것일까? 풍성한 주님의 자비를 조금이라도 누리려면 무엇보다 소중한 것을 포기하는 순간이 존재함을 기억할 필요가 있다.

구원을 기억하라.

예수님을 만나지 못했더라면 단 한 번의 영적 축복도 불가능했을지 모른다는 사실을 명심해야 한다. 하나님의 아들과 확실하게 결합하지 않으면 누구에게도 하나님의 사랑이 부어지지 않는다. 둘째 아담에게 전혀 무관심했던 첫째 아담의 씨앗들에게는 예외 없이 공통으로 저주가 내렸다. 주 예수님은 하나님의 지시를 받은 롯의 가족들이 소돔의 심판을 피할 수 있는 유일한 소알, 즉 피난처이시다(창 19:15-25). 하나님의 분노라는 격렬한 풀무 불은 예수님을 제외하고 모든 것을 태워버린다. 그분 안에서만 영혼이 살아남을 수 있다.

들이 불바다가 되면 사람들은 불길이 하늘까지 치솟는 것을 보고 서둘러 열기를 피해 달아난다. 그들은 멀리 떨어진 호수를 유일한 희망으로 삼는다. 그 호수 안으로 뛰어들면 안전하기 때문이다. 그들은 열기 때문에 하늘이 흐물흐물하고, 연기 때문에 태양이 어두워지고, 들판이 모두 타버려도 시원한 물에 잠겨 있는 한 안전하다는 것을 알고 있다.

마찬가지로 예수 그리스도는 하나님의 격렬한 분노의 대상이 되는 죄인에게 유일한 비상구가 되신다. 모든 성도는 이 사실을 기억해야 한다. 우리의 공적은 피난처가 될 수 없다. 그것은 거짓된 피난처에 불과하다는 것이 이미 입증되었다. 그것이 적잖은 도움을 주었을지 모르지만 영원히 관심을 집중시키기에는 거미줄처럼 너무 취

약하다. 우리가 피할 수 있는 유일한 이름, 유일한 희생, 유일한 피가 존재한다. 구원을 위해 우리 힘으로 무슨 시도를 할지라도 모두 쓰라린 실패로 끝나기 마련이다.

헤아릴 수 없는 죄를 지은 우리가 어떻게 지옥의 저주를 벗어나 그토록 풍성하고 막대한 유산의 상속자가 되었는가? "하늘나라의 창이 되시는 사랑의 주 예수님, 주님의 교회는 자비가 전달되는 유일한 통로이신 주님을 영원히 찬양합니다." 나의 영혼아, 주님을 거듭거듭 찬양하라. 그분이 함께하시지 않으면 누구보다 가난할 것이다. 하늘나라를 유업으로 받을 자들이여, 명심하라. 그대들이 예수님과 하나 되지 않았다면 한 줌의 희망의 햇살과 한마디 위로의 말도 누릴 수 없었으리라! 만일 주님 안에서 사랑과 인정을 받지 못했더라면 식탁에서 떨어지는 부스러기처럼 우리에게 돌아오게 될 은총보다 더 못한 것을 가졌을 것이다.

우리가 누리는 모든 것은 주님이 주신 것이다. 주님 때문에 우리가 선택되었고, 주님 때문에 구속받았고, 주님 때문에 의롭게 되었고, 주님 때문에 용납되었다. 주님 때문에 우리가 살아났지만 주님이 함께하시지 않으면 또다시 죽음을 맞게 될 것이다. 주님 때문에 하늘나라로 들려 올라가겠지만 주님이 함께하시지 않으면 영원히 저주를 면하지 못할 것이다.

그러므로 주님을 찬양하라. 천사들에게도 그분을 찬양하라고 요구하라. 겸손한 사랑으로 가난하고 죄를 지은 하찮은 존재들과 하나가 되시는 주님을 아름답게 찬양하도록 모든 사람을 흔들어 깨우라. 그분은 찬양받으시기에 합당한 분이시다. 이것이 깊은 사귐을 가능하게 하는 복된 방법이다. 거룩한 위로자는 예수님이 하신 일을 즐겁게 떠맡고 우리의 소유인 것처럼 계시한다. 하지만 우리가 주님 안에 있을 때 비로소 우리의 것이 된다. "거룩한 예수님, 우리가 주님의 영적 지체의 일부라는 것과 그 때문에 축복을 누리고 보존된다는 것을 잊지 않게 하소서."

예수님의 인내를 생각하라.

우리에게 이런 축복을 허락한 자비로운 행위를 묵상하라. 주님이 우리를 위해 인내한 수고와 자비를 베푸는 데 필요했던 고난을 살펴보라. 말로 표현할 수 없는 그분의 아픈 마음을 묘사하고 그분의 영혼을 사로잡은 고통을 설명할 수 있는 사람이 있을까? 우리는 정말 예수님이 겪은 고통이 얼마나 큰지 제대로 헤아릴 수 없다! 하지만 주님은 우리를 돕기 위해 모든 슬픔과 모든 고통을 담당하셨다. 그것이 없이는 어떤 자비도 허락될 수 없었다. 다음의 말을 명심하라.

그분은 가슴앓이하지 않고
선물을 건네시는 법이 없다.

얼어붙은 겟세마네의 땅을 눈여겨보고 바닥에 얼룩진 피땀을 바라보라! 가바다(요 19:13)의 뜰에 가서 끈질긴 원수들이 추종하던 정의의 희생자를 살펴보라! 근위병들의 대기실로 끌려가서 침을 맞고 머리를 쥐어뜯는 것을 지켜보라! 이어서 고문이 죽음으로 절정에 달하던 운명의 산, 골고다에 관해 생각하라. 하나님의 도우심을 받아 부족하나마 주님이 겪으신 고난의 깊이를 헤아릴 수 있다면 다음에 소중한 선물을 받을 때 그분과의 교제를 나눌 수 있는 준비를 더 잘하게 될 것이다. 그 소중함을 의식하는 만큼 그 중심에 자리하고 있는 사랑을 누릴 수 있는 능력을 갖추게 될 것이다.

예수님이 우리의 몫이라는 것을 잊지 말라.

무엇보다 예수님이 우리의 몫이라는 사실을 잊어서는 안 된다. 주님의 풍성한 선물 가운데 단연 으뜸은 그분 자신이라는 것을 잊어서는 안 된다. 주님이 우리에게 옷을 입혀주시지만 그것은 그분 자신, 즉 그분의 흠 없는 의로움과 성품이다. 주님은 우리를 닦아주시지만 그것은 그분의 가장 깊은 곳에 자리 잡은 진정한 모습, 즉 그분의 심장에서 넘쳐흘러 나오는 피이다. 주님은 하늘 빵으로 먹이시지만 그 빵은 그분 자신, 즉 자신을 영혼의 양식으로 허락하시는 그분의 몸이라는 것을 잊어서는 안 된다.

완전한 예수님보다 부족한 것에 만족해서는 안 된다. 여성이 아름다운 보석과 의상의 유혹을 물리치기는 힘들겠지만 남편의 마음과 관심을 사로잡지 못하면 전혀 의미가 없다. 옛날 이스라엘 사람들은 결코 잊을 수 없는 밤에 유월절의 양을 먹었다. 마찬가지로 예수님을 먹되 예수님만 먹어야 한다. 주님보다 못한 것은 영혼을 만족시키기에 턱없이 부족한 음식이다. 그러므로 주님의 살과 피를 조심스럽게 먹고 마심으로 그분을 진정한 영적 만나로 받아들여야 한다. 이것 이외에는 우리 영혼을 위한 영생의 증거가 있을 수 없다!

우리 주님과의 교제를 유지하는 데 필요한 지침 중에 덧붙일 것이 있을까? 빠뜨려서는 안 될 한 가지 중요한 부탁이 남아 있다. 이 모든 것을 실천에 옮길 수 있도록 성령님의 풍성한 도우심을 구하라는 것이다. 그분의 도우심이 없다면 여기에 소개한 모든 내용은 다리를 쓰지 못하는 사람을 걷는 법으로, 숨이 넘어가는 사람을 건강에 필요한 법으로 괴롭히는 것과 다를 바 없다. "거룩한 영이시여, 우리가 예수님의 은총을 누리는 동안 주님의 은밀한 거처로 인도하셔서 그분과 더불어 먹고, 그분이 우리와 더불어 먹을 수 있게 하소서. 때마다 우리에게 은총을 하락하시고, 해가 뜰 때부터 질 때까지 주님과 사귐을 지속하게 하소서."

여기서 잠깐, 독자들의 신앙생활에 도움을 주고자 이번 장의 주제와 부합하여 '예수님과의 교제를 힘들게 하는 것들'에 관해서 좀더 자세히 알아보고자 한다. 지혜의 왕 솔로몬은 아가서 2장 16~17절에서 이렇게 말했다. "내 사랑하는 자는 내게 속하였고 나는 그에게 속하였도다. 그가 백합화 가운데에서 양 떼를 먹이는구나. 내 사랑하는 자야 날이 저물고 그림자가 사라지기 전에 돌아와서 베데르 산의 노루와 어린 사슴 같을지라.”

늘 최선을 다함으로 아버지의 안색을 어둡게 하는 법이 없을 정도로 아주 행복한 성도들이 있을 수 있다. 하지만 실제로 그런 사람들이 존재하는지 확신이 서지 않는다. 내가 잘 아는 성도들은 대부분 좋은 때와 나쁜 때를 한꺼번에 경험하고 있기 때문이다. 또한 내가 알기로는 늘 자신의 완전함을 자랑하는 이들 가운데 그다지 신뢰할 만한 사람들이 없었다.

나는 영혼의 태양을 가릴 수 있는 구름이 존재하지 않는, 도달할 수 있는 영적 종교가 존재하기를 언제나 기대하고 있다. 하지만 이것에 관해서는 그다지 긍정적이지 않다. 나는 그렇게 행복한 땅을 통과한 적이 없다. 나의 삶에는 해마다 여름과 겨울이 존재했고 하루도 거르지 않고 밤이 찾아왔다. 밝은 햇살과 폭우를 목격했고 따뜻한 바람과 강력한 바람을 만났다.

예수님 안에 있는 형제 대부분과 자매는 떡갈나무처럼 강력하기는 하지만 이파리는 떨어지기 마련이라서 우리가 누리는 활기는 계절과 무관하지 않다. 높아질 때가 있으면 낮아질 때가 있고 골짜기가 있으면 언덕이 있다. 언제나 즐거울 수는 없다. 여러 가지 시험 때문에 마음이 무거울 때도 있다. 사랑하는 분과 교제하는 것이 늘 기쁘지만 안타깝게도 가끔 그분을 찾아가서 “내가 어찌하면 하나님을 발견하고 그의 처소에 나아가랴"(욥 23:3)라고 외친다는 사실을 고백하지 않을 수 없다.

내가 보기에 이것은 아가서의 신부가 처한 상황과 다르지 않다. 그녀는 이렇게 외쳤다. "날이 저물고 그림자가 사라지기 전에 돌아오라!" 여기에는 몇 가지 교훈이 담겨 있다.

교제는 깨질 수 있다

이 구절은 무엇보다 교제가 깨질 수도 있음을 가르쳐 준다. 신부는 신랑과의 연대감을 상실했다. 그녀는 주인을 사랑하고 갈망하면서도 더는 의식적인 교제를 할 수 없었다. 그녀는 외로움 속에서 슬퍼하면서도 그에 대한 사랑을 절대 멈추지 않았다. 그녀는 그를 '사랑하는 이'라고 불렀고 그의 사랑을 의심하지 않는다고 했다.

우리가 빛 속을 걸을 때처럼 어둠 속에 앉아 있을 때도 주 예수님에 대한 사랑이 아주 진실하고, 그리고 어쩌면 아주 강력할 수 있다. 신부는 자신에 대한 그의 사랑과 서로에 관한 관심을 신뢰했다. "내 사랑하는 자는 내게 속하였고, 나는 그에게 속하였도다." 하지만 이렇게 덧붙였다. "내 사랑하는 자야, 날이 저물고 그림자가 사라지기 전에 돌아와서." 우리가 축복을 누리는 조건이 기쁨의 상태와 늘 일치하는 것은 아니다. 어떤 사람은 믿음과 사랑이 풍성함에도 상심이 클 정도로 열등한 자기 이미지를 지닐 수도 있다.

이 거룩한 노래를 보면 신부가 사랑했고 사랑받았고, 자기 주인임을 확신하면서도 자신과 그의 사이에 당분간은 산이 존재한다는 사실을 인식한 것이 분명하다. 마찬가지로 우리도 그리스도인의 삶을 살면서 상당한 진보를 이룩해 놓고도 한동안 주님과의 친숙한 교제를 누리지 못할 수 있다. 어린아이는 물론 성인에게도 밤은 찾아온다. 환자나 허약한 사람은 물론 강건한 사람 역시 태양이 가려짐을 알고 있다. 그러므로 구름이 몰려와도 자신을 비난해서는 안 된다. 확신을 거두어서는 안 된다. 그보다 어둠 속에서도 신앙이 타오르게 하고 주님을 다시 한번 만나 사랑하기로 결단하라. 당신과 주님 사이를 어떤 장벽이 가로막더라도 말이다.

예수님이 하늘나라의 진정한 상속자의 자리를 떠나셨을 때 슬픔이 몰려왔을 것이다. 사람의 상태가 건강할수록 더 빨리 결핍을 깨닫고 더 크게 슬퍼한다. 본문에서는 이 슬픔을 어둠으로 묘사하는데 "날이 저물고"라는 표현으로 함축되었다. 예수님이 모습을 드러내실 때까지 낮은 있을 수 없다. 우리는 한밤의 어둠 속에서 살고 있으며 언약의 별과 경험의 달은 우리 주님이 태양처럼 떠올라 밤을 끝내시기 전까지 위로의 빛을 발하지 못한다. 우리는 예수님과 함께 지내야 한다. 그렇지 않으면 앞을 못 보는 사람처럼 벽을 더듬게 되고 낙심한 채 방황하게 될 것이다.

또한 신부는 그림자를 언급하고 있다. "날이 저물고 그림자가 사라지기 전에." 그림자는 태양 빛이 줄어들 때 커지기 때문에 소심한 사람들은 놀라기 십상이다. 우리는 예수님이 함께하실 때 그 어떤 강한 적도 두려워하지 않지만 그분을 만나지 못하면 사소한 그림자를 보고도 놀란다. 이 얼마나 사랑스러운 노래인가. "내가 사망의 음침한 골짜기로 다닐지라도 해를 두려워하지 않을 것은 주께서 나와 함께하심이라. 주의 지팡이와 막대기가 나를 안위하시나이다" (시 23:4). 하지만 밤이 찾아오고 예수님이 함께하시지 않으면 우리의 노래는 바뀌게 된다. 그러면 우리는 더 많은 공포로 밤을 채운다. 유령, 악마, 도깨비, 그리고 우리의 상상 속에서나 존재하는 것들이 우리 주변에 떼 지어 모여들고 우리는 이런 공포에서 쉽게 헤어 나오지 못한다.

하지만 신부가 겪은 최악의 문제는 그녀가 사랑하는 사람이 등을 돌린 것이다. 그래서 그녀는 외쳤다. "내 사랑하는 자야, 날이 저물고 그림자가 사라지기 전에 돌아와서." 그가 그녀를 기쁜 얼굴로 돌아보면 그의 사랑 때문에 즐거워하겠지만 안색이 어둡다면 적잖이 걱정스러울 것이다. 우리 주님은 가끔 자기 사람들에게서 얼굴을 돌리실 때가 있다. 물론 마음마저 돌아서시는 법은 없다. 그분은 배가 폭풍우에 심하게 흔들리는 순간에도 눈을 감고 주무실 수 있었지만(마 8:23-24) 생각은 항상 깨어 있으셨다.

그렇다 하더라도 우리가 그분을 슬프게 만든 것은 아주 엄청난 일이다. 우리가 그분의 여린 마음에 상처를 입혔다고 생각하면 고통스럽다. 그분은 질투하지만 이유 없이 그러시지 않는다. 주님이 잠시 우리에게서 등을 돌리시는 데는 그럴 만한 충분한 이유가 있다. 우리가 주님과 다른 길을 가지 않는 이상 그분은 우리와 다른 길을 가시지 않는다(레 26:23-24).

이것은 슬픈 상황이다! 주님의 임재는 이 삶을 천국생활의 서막으로 만든다. 하지만 주님의 부재는 우리가 그분을 갈망하도록 만들고 유배지에서 어떤 위로도 구하지 못하게 한다. 성서와 교회 의식, 개인의 경건과 공적 예배는 모두 해시계와 비슷하다. 해가 비추면 훌륭한 역할을 하지만 어두워지면 대부분 쓸모가 없다. "주 예수님, 주님을 잃으면 무엇으로도 보상받을 수 없습니다! 다시 한번 주님의 사랑하는 사람들에게 가까이 다가오소서. 주님이 없이는 우리의 밤이 끝나지 않기 때문입니다."

예수님과의 교제가 깨지면 진심으로 다시 회복하려는 강렬한 욕구가 생겨난다. 누군가가 예수님과의 교제에 따른 즐거움을 상실했다면 회복될 때까지 만족을 누리지 못할 것이다. 임마누엘의 주님을 기쁘게 해드린 적이 있는가? 그분이 다른 곳으로 떠나신 적이 있는가? 그분이 다시 돌아오시기 전까지 당신의 마음은 울적할 것이다.

예수님과 사랑스러운 교제를 상실한 영혼마다 이렇게 외칠 것이다. "예수님을 달라. 그렇지 않으면 죽을 것이다." 우리는 하늘의 즐거움을 쉽게 포기할 수 없다. 이렇게 말하는 것은 우리와 무관하다.

"그분이 돌아오실지 모르지만 우리는 그러기를 바란다." 대신 이렇게 말해야 한다. "그분은 반드시 돌아오셔야 한다. 그렇지 않으면 나는 힘을 잃고 죽게 될 것이다." 우리는 주님 없이 살 수 없다. 이것은 위로의 상징이다. 그분 없이 살 수 없는 영혼은 그분 없이 살아갈 수 없기 때문이다. 그분은 삶과 죽음이 자신이 찾아오는 것에 달려 있을 때 신속하게 돌아오신다.

우리가 예수님을 소유해야 한다면 그분을 갖게 될 것이다. 문제를 해결하는 방식은 이렇다. 우리는 이 우물을 마셔야 한다. 그렇지 않으면 갈증 때문에 죽게 될 것이다. 우리는 예수님을 먹어야 한다. 그렇지 않으면 우리의 영혼은 굶주리게 될 것이다.

감당할 수 없는 어려움

나는 계속해서 예수님과의 교제가 깨지면 그것을 회복하기가 상당히 어렵다는 것을 말하고 싶다. 내리막길을 가는 것은 올라가는 것보다 훨씬 더 쉽다. 잃어버린 보석을 찾는 것보다 하나님 안에서 누리는 즐거움을 잃기가 훨씬 더 쉽다.

아가서의 신부는 자신과 사랑하는 사람을 갈라지게 만든 '산'에 관해 말했다. 그녀는 이것을 통해 어려움이 크다는 것을 표현하려고 했다. 그녀의 길을 가로막은 것은 작은 언덕이 아니라 거대한 산이었다. 잊히지 않는 죄악의 산, 타락의 알프스, 태만, 감사를 모르는 마음, 세상에 물든 삶, 냉랭한 기도, 경솔함, 교만, 불신의 산맥이 그 것이었다. 나는 이 슬픈 경험의 아주 어두운 지형을 제대로 설명하지 못한다! 마치 레바논의 높이 솟은 절벽처럼 거대한 장벽이 그녀 앞에 솟아 있었다. 그녀는 사랑하는 사람에게 어떻게 다가갈 수 있을까?

그녀와 그를 갈라놓은 어려움은 거대할 뿐 아니라 수없이 많았다. 아가서의 신부는 하나의 산이 아니라 산맥을 말했다. 알프스 너머에 알프스, 절벽 다음에 절벽이 있었다. 그녀는 그렇게 짧은 시간에 자신과 사랑하는 사람 사이에 그토록 큰 어려움이 닥친 것을 생각하자 괴로웠다. 그는 그녀가 이렇게 노래한 사람이었다. "그가 왼팔로 내 머리를 고이고 오른팔로 나를 안는구나"(아 2:6). 그렇다. 우리는 너무 쉽게 이 '베데르의 산'의 숫자를 늘려 놓는다!

주님은 질투하시지만 우리는 그분이 얼굴을 감춰야 할 이유를 너무 자주 제공한다. 우리가 범한 잘못은 한때는 별것 아닌 것처럼 보이지만 결국에는 위로 솟아올라 사랑하는 사람의 얼굴을 가릴 때까지 늘어나고 부풀어 오른다. 그러면 우리의 태양은 사라지고 두려움이 속삭인다. "태양 빛이 회복될 수 있을까? 날이 밝아올까? 그림자는 사라질까?" 하늘에서 태양 빛이 사라지는 것 때문에 가슴 아파하기는 쉽지만 하늘을 맑게 하고 구름 한 점 없는 광명을 되찾기는 정말 어렵다!

신부에게 떠오른 최악의 생각은 서로를 분리한 장벽이 영원할 수 있다는 두려움이었다. 그것은 높지만 녹아내릴 수 있었다. 벽이 많더라도 무너질 수 있었다. 하지만 벽이 아니라 산맥이 자리 잡고 있다. 그것들은 수 세기 동안 흔들림 없이 서 있었다. 그녀는 "내 죄가 항상 내 앞에 있나이다"(시 51:3)라고 외친 시인과 같은 심정이었다. 주님의 부재에 따른 고통은 우리가 무기력하게 그분과 단절된 것을 두려워하는 순간, 감당할 수 없을 정도가 된다. 결코 날이 밝지 않는다면 아침을 기다리면서 하룻밤을 견디는 사람에게 어떤 일이 벌어질까?

우리가 예수님과 길이 엇갈려서 그분과 우리 사이에 옮길 수 없는 산맥이 존재한다면 가슴이 아플 것이다. 기도하려고 애쓰지만 입 안에서만 맴돌 뿐이다. 주님이 계시는 교제의 식탁에 다가서려고 하지만 나 자신이 요한보다 유다를 닮은 것처럼 느껴진다. 그럴 때마다 우리는 눈을 들어 신랑의 얼굴을 다시 한번 바라보고 행복했던 시절처럼 그분이 우리를 좋아한다고 생각한다. 그런데도 암담하고 위협적이고 통과할 수 없는 무시무시한 산맥이 버티고 있다. 그리고 우리 생명의 생명이 되시는 분은 멀리 떨어진 채 슬퍼하고 계신다.

아가서의 신부는 자신에게 닥친 어려움을 혼자 힘으로는 감당할 수 없다는 결론에 도달했다. 그녀는 산을 넘어 사랑하는 사람에게 가려는 생각조차 하지 못한 채 이렇게 소리쳤다. "내 사랑하는 자야 날이 저물고 그림자가 사라지기 전에 돌아와서 베데르산의 노루와 어린 사슴 같을지라." 그녀는 산을 오르지 않았다. 불가능하다는 것을 알고 있었기 때문이다. 낮다면 모르지만 그 정상은 하늘까지 닿아 있었다. 덜 험악하다면 헤아려보기라도 했겠지만 그 산은 가공할 정도였다. 그래서 아무것도 자라지 못할 만큼 가파른 절벽에 누구도 발을 내딛지 못했다.

철저한 자기 절망에 도달하게 되면 자비가 임한다! 나는 구석진 곳으로 내몰려 하나님만을 바라보지 않을 수 없게 된 영혼을 좋아한다. 피조물의 종말은 창조자의 시작이다. 죄인이 포기하는 곳에서 구세주는 시작하신다. 산을 오를 수 있다면 우리는 오르지 않을 수 없을 것이다. 하지만 도무지 통과할 수 없다면 그 영혼은 예언자와 함께 이렇게 외칠 것이다. "원하건대 주는 하늘을 가르고 강림하시고 주 앞에서 산들이 진동하기를 불이 섶을 사르며 불이 물을 끓임 같게 하사 주의 원수들이 주의 이름을 알게 하시며 이방 나라들로 주 앞에서 떨게 하옵소서. 주께서 강림하사 우리가 생각하지 못한 두려운 일을 행하시던 그때 산들이 주 앞에서 진동하였사오니"(사 64:1-3).

우리의 영혼은 상처 입어 예수님께 갈 수 없기에 그분을 진정으로 갈망하고 그분만을 희망할 뿐이다. 그분은 사랑하는 우리를 기억하시고 자신의 오랜 종에게 그러셨던 것처럼 날아오실까? "그룹을 타고 다니심이여 바람 날개를 타고 높이 솟아오르셨도다"(시 18:10).

항상 함께하시는
예수님

이제 우리는 기도를 거론하는 구절에 도달하게 되었다. "돌아와서 [가로막은] 베데르산의 노루와 어린 사슴 같을지라." 예수님은 우리가 다가서지 못하는 순간에 찾아오셨다. 노루와 어린 사슴은 험한 산에서 살면서 놀라울 정도로 민첩하게 절벽 사이를 넘나든다. 신속함과 정확한 발놀림은 타의 추종을 불허한다.

시편 기자는 말했다. "나의 발을 암사슴 발 같게 하시며 나를 나의 높은 곳에 세우시며"(시 18:33). 이 표현은 산비탈을 안전하게 디딜 수 있도록 만들어진 동물의 발을 연상시킨다. 신부 역시 이 황금 같은 솔로몬의 아가서에서 다음과 같이 노래했다. "보라. 그가 산에서 달리고 작은 산을 빨리 넘어오는구나. 내 사랑하는 자는 노루와도 같고 어린 사슴과도 같아서…"(아 2:8-9).

여기서 나는 우리가 이 기도를 당연히 드릴 수 있어야 함을 강조하고 싶다. 우리가 그분께 찾아가면 예수님이 그렇게 찾아오시기 때문이다. 어째서 찾아오시는지 궁금할 것이다. 그분이 오랫동안 그렇게 하셨다는 것이 나의 대답이다. 우리는 "긍휼이 풍성하신 하나님이 우리를 사랑하신 그 큰 사랑을 인하여 허물로 죽은 우리를 그리스도와 함께"(엡 2:4-5) 살리셨다는 사실을 기억한다. 하나님이 인간의 모습으로 세상에 오셨을 때는 그분이 다가오시기 전까지 인간이 절대 그럴 수 없기 때문이 아니었을까? 최초의 부모들은 하나님께 눈물을 흘리거나 기도하거나 간구한 적이 없었다. 하나님은 불편한 마음으로 여자의 후손이 당연히 뱀의 머리를 상하게 할 것이라고 약속하셨다(창 3:15). 주님이 세상에 오신 것은 매수되거나 요구받거나 예상된 것이 아니었다. 그분은 순전히 자유 의지에 따라 기쁘게 구속하려고 찾아오셨다.

예수님의 성육신은 성령을 통해 우리를 찾아오시는 방식을 보여준 일종의 전조였다. 그분은 우리가 내쫓겼고 오염되었고 부끄러움을 당하고 멸망하는 것을 알고 계셨다. 그래서 그분은 지나가면서 다정하게 말씀하셨다. "살아나라!" 성경은 우리를 통해 성취되었다. "나를 찾지 아니하던 자에게 찾아냄이 되었으며"(사 65:1). 우리는 거룩함을 몹시 싫어하고 죄에 너무 오래 붙들려 있었기 때문에 주님이 우리를 향해 먼저 돌아서시지 않았더라면 절대 돌아가지 않았을 것이다.

당신은 어떻게 생각하는가? 우리가 원수였을 때도 그분이 찾아오셨다면 이제 그분의 친구인데 찾아오시지 않을까? 우리가 죽은 죄인이었을 때도 찾아오셨다면 우리 성도들이 눈물짓는데 이제 귀를 기울이시지 않을까? 예수님이 이런 방식으로 이 땅을 찾아오셨다면, 그리고 이런 모습으로 우리 각자를 찾아오신다면 이제 그분이 같은 방법으로 찾아오실 것을 충분히 예상할 수 있다. 이것은 풀을 신선하게 하고 "사람을 기다리지 아니하며 인생을 기다리지 아니"

(미 5:7)하는 이슬과 비슷하다.

더욱이 그분은 마지막 날에 사람의 모습으로 찾아오신다. 죄, 잘못, 우상 숭배, 미신, 그리고 억압의 산맥이 그분의 나라에 이르는 길에 자리 잡고 있어도 그분은 분명히 찾아오신다. 만물을 통치하실 때까지 계속해서 전복시키신다. 그분은 험한 언덕을 넘어서더라도 마지막 날에 찾아오실 것이다. 나는 그 때문에 자신이 떠난 것을 무척 애통해하는 그분이 우리를 찾아오실 것이라고 확실하게 결론 내릴 수 있다. 그러므로 우리는 그분께 가서 성경의 내용을 가지고 간구해야 한다. "돌아와서 [가로막은] 베데르산의 노루와 어린 사슴 같을지라."

우리는 성경 본문을 통해 주님이 우리가 감당할 수 없는 어려움을 겪고 있는 것을 잘 알고 계신다고 확신할 수 있다. 노루와 어린 사슴이 울퉁불퉁한 바위틈에 있는 산길과 발 디딜 곳을 알고 있고, 산골짜기와 낭떠러지를 두려워하지 않듯이 주님은 우리의 죄와 슬픔의 크기와 깊이, 급류와 동굴을 알고 계신다. 그분은 우리의 잘못을 모두 담당하셨기에 죄책감이라는 아주 무거운 짐을 잘 알게 되셨다. 그분은 인간 본성의 나약함을 잘 알고 계신다. 그분은 광야에서의 시험, 감람산에서의 안타까움, 십자가에서의 버림받음을 알고 계신다.

주님은 고통과 약함에 아주 익숙하시다. 그분은 "우리의 연약한 것을 친히 담당하시고 병을" 짊어지셨기 때문이다(마 8:17). 그분은 낙심하는 것에 익숙하시다. "간고를 많이 겪었으며 질고를" 아시기 때문이다(사 53:3). 그분은 죽음에 익숙하시다. "큰 소리를 지르시고" 죽으셨다가 무덤을 거쳐 부활하셨기 때문이다(막 15:37).

크게 입 벌린 고통의 심연과 가파른 산들이여, 우리가 사랑하는 분이 사슴처럼 너희의 그림자들을 뛰어넘으셨다!

"나의 주님, 주님은 저와 주님 사이를 가로막는 모든 것을 아십니다. 주님은 제가 너무 약하기에 가로막힌 산을 넘어 주님께 다가갈 수 없다는 것도 아십니다. 그러므로 저는 주님이 갈급한 영혼을 만나러 산을 넘어오시기를 기도합니다! 주님은 구멍이 뚫린 심연과 위험한 비탈길을 낱낱이 아시지만 그 무엇도 주님을 가로막지 못합니다. 주님의 종, 주님의 사랑하는 대상에게 서둘러 오소서. 주님의 임재 옆에서 다시 살아갈 수 있게 하소서."

예수님께는 우리를 구원하기 위해 산을 넘기가 어려운 일이 아니다. 가젤은 산을 쉽게 넘는다. 마찬가지로 예수님께도 힘든 일이 아니다. 최악의 상황에 부닥친 인간을 찾아 아버지의 사랑을 가지고 돌보시기로 결정되어 있기 때문이다.

우리와 예수님을 가로막는 것은 무엇일까? 죄를 의식하는 것일까? 일단 용서를 받게 되면 완전히 용서받았다는 느낌을 예수님은 아주 생생하게 회복시키실 수 있다. 하지만 우리는 이렇게 말한다. "슬프게도 다시 죄를 범하는 바람에 또 다른 죄책감이 마음을 억누릅니다." 그분은 그것 역시 곧장 제거하실 수 있다. 용도가 정해진물의 원천은 개방되어 있고 늘 풍성하기 때문이다. 구속의 사랑은 자녀의 잘못을 쉽게 용서한다. 범죄자의 잘못에 관해 이미 용서받아 두었기 때문이다. 주님이 그분의 심장의 피를 가지고 심판자에게 우리의 용서를 얻어내셨기에 그분이 우리 아버지의 용서를 전달하기는 매우 쉬운 일이다.

예수님은 어렵지 않게 거듭 말씀하실 수 있다. "네 죄 사함을 받았느니라"(마 9:2). 우리는 말한다. "하지만 저는 주님과 교제를 나눌 자격이 전혀 없고, 그것이 불가능하다는 생각이 듭니다." "모든 병과 모든 약한 것을"(마 4:23) 고치신 그분은 우리의 영적 질병을 한마디 말씀으로 치료하실 수 있다. 발목의 힘을 회복한 사내가 뛰고 달린 것을 기억하라. 열병을 앓았지만 즉시 회복되어 주님을 섬겼던 여인을 기억하라. "내 은혜가 네게 족하도다. 이는 내 능력이 약한 데서 온전하여짐이라"(고후 12:9).

"그런데도 나의 고통은 심하고, 심각한 문제를 겪고 있고, 커다란 슬픔 때문에 우울해져서 즐거운 교제로 나아갈 수 없습니다." 그럴 수 있다. 하지만 예수님은 모든 짐을 가볍게 하고 멍에를 쉽게 만드실 수 있다(마 11:30). 우리가 겪는 시험이 장애물이 아니라 하늘을 향해 나아가는 데 도움이 될 수 있다. 나는 무거운 짐에 관해 잘 알고 있고 당신이 그것을 감당하지 못한다는 것을 알고 있다. 하지만 노련한 일꾼들은 밧줄과 도르래를 이용해 무거운 짐으로 다른 짐을 들어 올릴 수 있다. 주 예수님은 가장 위대한 일꾼이시고 은혜라는 기계를 아주 능숙하게 다루신다. 그리고 고난이라는 짐을 활용해 우리로부터 영적 죽음이라는 짐을 들어 올리실 수 있다. 그로 인해 연자 맷돌처럼 가라앉게 만들겠다고 우리를 위협하던 것에서 벗어나게 된다.

또 어떤 것이 하나님께로 향하는 우리의 길을 방해할까? 나는 아무리 불가능한 것이라고 할지라도 주 예수님이 제거하실 수 있다고 확신한다. "무릇 사람이 할 수 없는 것을 하나님은 하실 수 있느니라"(눅 18:27). 하지만 어떤 사람은 동의하지 않는다. "나는 정말 그리스도께 무가치합니다. 잘 알려진 성자들과 소중한 제자들이 큰 기쁨을 누린 것은 이해할 수 있습니다. 하지만 나는 벌레이지 사람이 아닙니다(시 22:6 참조). 나는 그런 대접을 받기에 턱없이 부족합니다." 정말 그렇게 생각하는가? 예수님의 소중함이 우리의 무가치함을 가려주신다. 그분이 "하나님으로부터 나와서 우리에게 지혜와 의로움과 거룩함과 구원함이"(고전 1:30) 되시지 않았는가?

하늘 아버지는 예수님으로 인해 우리가 자신을 생각하는 것처럼 대하시지 않는다. 우리가 하나님의 자녀라고 불릴 자격이 없음에도 그분은 그렇게 부르신다. 우리를 보석으로 간주하신다. 귀를 기울이면 그분의 말씀을 들을 수 있다. "네가 내 눈에 보배롭고 존귀하며 내가 너를 사랑하였은즉… 내가 애굽을 너의 속량물로, 구스와 스바를 너를 대신하여주었노라"(사 43:3-4). 그러므로 예수님이 우리에게 다가서기로, 우리와 깨진 관계를 새롭게 하기로 결심하시면 뛰어넘지 못할 것은 하나도 없다.

결론적으로 주님은 이 모든 문제를 즉시 해결하실 수 있다. "죽은 자들이 썩지 아니할 것으로 다시 살아나고 우리도 변화되리라"(고전 15:52)는 말씀처럼 우리의 죽어버린 감정이 순식간에 살아나 기쁨이 충만해질 수 있다. 그분은 우리 마음속에 있는 산을 향해 이렇게 말씀하실 수 있다. "이 산더러 들려 바다에 던져지라 하여도 될 것이요"(마 21:21). 예수님은 이미 우리 가운데 계신다. 우리는 그분의 물리적 임재를 경험하지는 못하지만 실제로 그분이 영적으로 임재하신다는 것을 알고 있다. 그분은 찾아오셨다. 그분은 이렇게 말씀하신다. 겨울도 지나고 비도 그쳤다(아 2:11).

정말 그렇다. 우리는 이 사실을 몸으로 느끼고 있다. 하늘나라의 봄이 우리의 얼어붙은 마음을 녹인다. 아가서의 신부처럼 우리는 놀라서 외친다. "부지중에 내 마음이 나를 내 귀한 백성의 수레 가운데에 이르게 하였구나"(아 6:12). 이제 우리는 즐거운 사귐을 누리면서 사랑하는 분을 바라보고 음성을 듣는다. 우리의 심장이 다시 뛴다. 우리의 감정이 타오른다. 행복을 누리고 안식을 누리며 기쁨에 겨워한다. 임금은 그분의 연회장으로 우리를 인도하셨고 우리 위에 있는 그분의 깃발에는 사랑이 새겨져 있다(아 2:4). 머물기에 적당한 곳이다!

"우리의 주님, 주님이 없는 가정은 가정이 아닙니다. 주님이 없는 삶은 삶이 아닙니다. 주님이 떠나시면 하늘나라 그 자체가 하늘나라일 수 없습니다. 우리와 함께 거하소서. 세상은 어두워지고 종말의 때가 다가옵니다. 우리와 함께 거하소서. 저녁이 다가옵니다. 우리는 늙어 가고 있고, 이슬이 내리는 춥고 차가운 밤이 다가옵니다. 놀라운 미래가 우리 곁에 자리하고 있습니다. 과거 세대의 영광이 쇠퇴하고 있습니다. 그러므로 우리가 엄숙히, 위엄에 눌려 기다리는 동안 우리의 심장은 계속해서 소리칩니다. '내 사랑하는 자야, 날이 저물고 그림자가 사라지기 전에 돌아와서 베데르산의 노루와 어린 사슴 같을지라.'"

온전한 치유를 위해
개인적 만남을 가지라

예수께서 이르시되 내게 손을 댄 자가 누구냐 하시니 다 아니라 할 때에 베드로가 이르되 주여 무리가 밀려들어 미나이다. 예수께서 이르시되 내게 손을 댄 자가 있도다. 이는 내게서 능력이 나간 줄 앎이로다 하신대. 누가복음 8:45-46.

주님은 군중에 둘러싸이실 때가 무척 잦았다. 주님의 설교는 매우 명료하고 강력해서 언제나 수많은 청중을 사로잡았다. 특히 오병이어의 기적에 관한 소문과 청중의 숫자가 늘어나는 것 사이에는 분명히 어떤 관계가 있었다. 기적을 보고 싶어 하는 기대 심리로 인해 구경꾼의 숫자가 늘어난 것이 확실했다. 예수 그리스도는 군중이 가로막는 바람에 길을 가는 것이 쉽지 않다고 생각하실 때가 많았다. 이것은 주님이 설교하실 때 격려가 되기도 했지만 개인적인 사역 과정에서 접한 이들 가운데 기대에 부응하는 경우는 얼마 되지 않았다.

어쩌면 주님은 수많은 사람을 둘러보시면서 "겨가 어찌 알곡과 같겠느냐"(렘 23:28)라고 말씀하셨을지 모른다. 타작마당에 겨만 켜켜이 쌓여 있었기 때문이다. 실제로 예수님이 돌아가신 후에 제자들은 회심하는 사람들을 얼마 만나지 못했을 것이다. 영적으로 주님을 영접한 이들이 얼마 되지 않았기 때문이다. 많은 사람이 부르심을 받았으나 선택받은 사람은 얼마 없었다(마 22:14). 하지만 우리의 구세주는 어디에서든지 누군가 축복받는 것을 놓치시지 않았다. 주님의 영혼의 줄을 건드렸기 때문이다. 능력이 빠져나가 환자가 치유를 받거나, 혹은 죄에 눌린 영혼을 구원하는 사역으로 능력이 전해질 때마다 그냥 지나치시는 법이 없었다.

본문에서 소개하는 그날, 구세주 주위에 모인 수많은 군중 가운데 그분의 옷 가를 만진 이 외로운 '어떤 사람'을 제외하고는 누구도 거론되지 않았다. 엄청난 군중이 왔다가 떠나갔지만 그들에 대해서는 거의 기록이 없다. 만조에 달한 바닷물이 다시 썰물이 되어 빠져나가듯이 구세주 주위의 거대한 군중은 이 소중한 사람, 즉 예수님을 만지고 기적적으로 치유의 능력을 경험한 '어떤 사람'만 남겨둔 채 떠나갔다.

주일 아침마다 군중이 거대한 물결처럼 교회로 밀려 들어왔다가 다시 빠져나간다. 그중 죄 때문에 슬피 우는 '어떤 사람'이, 예수님 안에서 즐거워하는 '어떤 사람'이, "이는 제 마음에 그 겉옷만 만져도 구원을 받겠다 함이라"(마 9:21)고 말할 수 있는 '어떤 사람'이 여기저기에 남아 있다. 이렇게 얼마 되지 않는 남은 사람들이 손을 뻗을 때 우리 주 예수님이 알아차리시고, 모든 찬양을 받아주시기를 기도한다!

예수님은 말씀하셨다. "내게 손을 댄 자가 있도다." 우리는 이 말씀을 통해 먼저 여인이 옷자락을 만진 것처럼 그리스도와 개인적으로 접촉하기 이전까지 우리에게 결코 만족이 없음을 알게 된다. 그리고 개인적인 접촉을 가질 때 다음과 같은 축복을 누릴 수 있음을 알게 된다. "이는 내게서 능력이 나간 줄 앎이로다." 마지막으로 우리가 축복을 누리게 되면 예수님이 알아차리시고 다른 사람들에게 말씀하실 것임을 알게 된다. 주님은 세상에 알리시기 위해 우리를 불러내 말씀하시고 질문하실 것이다.

예수님과의
개인적인 접촉

주 예수 그리스도와의 개인적인 접촉을 우리의 일차적

인 목적으로 삼자. 베드로는 "주여 무리가 밀려들어 미나이다"(눅 8:45)라고 말했다. 요즘에도 사람이 많이 모이다 보면 이런 일이 벌어진다. 하지만 그리스도의 백성들이 모인 곳에서조차 방문한 사람들은 대부분 평소 습관처럼 그냥 다가올 뿐이다.

어쩌면 많은 사람이 예배의 장소로 나온 이유를 제대로 알지 못할 수도 있다. 그들은 언제나 그랬던 것처럼 그냥 참석한다. 그들은 고정된 채 그 자리에서만 움직이는 문과 다를 바 없다. 그들은 벌어지는 일에 관심이 없다. 예배의 본질과 정신에 도달하지 못한다. 설교를 내켜 하지 않기 때문에 짧을수록 좋아한다. 흥밋거리를 찾기 위해 예배에 참석한 사람들은 둘러보고 살피는 것을 좋아한다. 반면 주 예수께 가까이 다가가는 것은 그들의 관심거리가 아니다. 그런 기대를 하고 있지 않다.

그들은 교회에 오가고, 앞으로도 계속 오갈 것이다. 그러다가 결국 마지막 순간이 닥치면 다음 세상에서 습관적으로 해 온 일이 은총의 수단을 대신하지 못한다는 사실을 깨닫게 될 것이다. 예수 그리스도의 설교를 듣거나 거절하는 것이 사소한 일이 아니며, 세상을 심판하시는 위대한 분 앞에서 답변을 준비해야 할 중대한 문제임을 갑자기 발견하게 될 것이다.

기도의 집을 찾아와 예배에 참석하려고 노력하지만 자신의 의를 이루기 위해 그렇게 하는 사람들도 있다. 그들은 주님의 식탁을 찾아올 수 있다. 교회에 등록할 수도 있다. 그들은 세례를 받을 수도 있다. 하지만 성령의 세례가 아니다. 성찬에 참여하지만 주님을 받아들이지는 않는다. 빵을 떼지만 주님의 몸을 먹지 않는다. 포도주를 마시지만 주님의 피를 마시지 않는다. 세례를 통해 예수님과 함께 죽음을 경험하거나 그분과 함께 다시 살아나서 새로운 생명으로 들어가는 법이 없다. 그들은 읽고 노래하고 무릎 꿇고 듣는 것에 만족한다. 껍데기에 만족함으로써 복된 영적 알맹이, 즉 진정한 "골수와 기름진 것"(시 63:5)을 전혀 알지 못한다.

어떤 교회를 둘러보더라도 대부분 사정은 마찬가지다. 그들은 예수님을 밀면서도 만지는 법이 없다. 그들은 찾아오지만 예수님과는 접촉하지 않는다. 겉으로는 듣는 체하지만 내적으로 예수님의 복된 인격과 접촉하거나 영적으로 영원히 복된 구세주와 접촉하지 않는다. 주님으로부터 자신들에게로 흘러드는 생명과 사랑을 누리지 않는다. 살아 있는 경건에 관해 전혀 알지 못한다.

하지만 예수님은 "내게 손을 댄 자가 있도다"라고 말씀하셨다. 이것이 바로 문제의 핵심이다. 우리는 홀로 기도하면서 기도하는 것 자체로 만족해서는 안 된다. 기도를 통해 예수님을 만지기 전까지 포기해서는 안 된다. 그러기 전까지 탄식하고 눈물을 흘려야 한다! 이미 기도를 끝냈다고 생각하지 말고 다시 기도해야 한다. 예배에 참석해서도 설교나 기타 순서를 듣는 것에 만족해서는 안 된다. 주님이신 예수님께 다가가서 만지기 전까지 만족해서는 안 된다.

거룩한 식탁에 참여할 때는 휘장을 지나 곧장 나아가서(히 6:19-

20) 예수님의 품에 안기거나, 아니면 적어도 그분의 옷을 만지기 전까지는 그것을 은총의 예식으로 간주해서는 안 된다. 성찬의 생명과 영혼은 예수 그리스도 그분을 만지는 것이다. '어떤 사람'이 그분을 만지기 전까지 그 의식은 생명이나 능력이 없는 죽은 행사에 불과하다.

본문에 등장하는 여인은 군중 사이에 있었을 뿐 아니라 예수님을 만졌다. 어떤 면에서 볼 때 우리가 그 여인보다 뛰어나다고 여길 수도 있겠지만 그녀를 모범으로 삼아 몇 가지 내용을 살펴보자.

여러 가지 어려움 속에서도

일차적으로 여인은 군중 속에서나 예수님과 함께한 거리에서, 그리고 예수님과 멀지 않은 곳에서조차 자신의 존재 가치를 느낄 수 없었다. 그분을 만지기 전까지 아무것도 달라지지 않았다. 그녀는 예수님을 만질 수밖에 없다고 생각했다. 당신은 그녀가 여러 가지 어려움을 겪었다는 사실을 알게 될 것이다. 군중의 규모는 상당했다. 그녀는 여성이었다. 오랫동안 질병을 앓다 보니 몸을 움직이는 것보다 자리를 깔고 누워서 지내는 편이 더 많을 정도로 기력을 잃은 상태였다. 그런데도 그녀의 바람은 너무 강렬했기에 여러 차례 떠밀리고 긁히는 것을 감당하면서까지 앞으로 나아갔다. 마침내 이 불쌍한 여인은 떨면서 주님께 가까이 나아갔다.

예수님께 다가가는 것은 쉽지 않다. 기도하기 위해 무릎을 꿇는 것은 어렵지 않지만 기도를 통해 예수님께 나아가기는 쉬운 일이 아니다. 당신이 예수님께 나아가려고 노력할 때 자녀가 울어대는 바람에 어려움을 겪을 수도 있다. 홀로 있고 싶은 마음이 간절할 때 노크 소리가 들릴 수도 있다. 하나님의 집에 앉아 있을 때 앞자리에 앉은 사람이 무의식적으로 주의를 분산시킬 수도 있다. 이처럼 예수님을 가까이하기는 쉬운 일이 아니다. 직장에서 온갖 스트레스에 시달리고 앞일을 걱정하다 돌아올 때는 특히 그렇다. 언제든지 마음의 짐을 내려놓고 복음을 전해 받을 준비를 하기 위해 지성소에 들어갈 수는 없다.

어떤 때는 사탄이나 시험을 상대로 심각하게 실제로 싸움을 벌이기도 하지만 어찌해야 할지 알지 못한다. 그렇지만 우리는 싸워야 한다! 기도시간을 허비하거나 복음을 들을 기회를 놓쳐서는 안 된다. 이 여인처럼 온갖 약점에도 예수님을 붙들겠다고 결심해야 한다. 결심했음에도 여전히 나아가지 못할 때는 예수님이 당신을 찾아오실 것이다. 믿음에 도움이 되지 않는 생각들을 물리치느라 싸움을 벌일 때 주님은 돌아서서 이렇게 말씀하신다. "허약한 불쌍한 영혼이 나에게 올 수 있도록 자리를 내주어라. 내가 직접 해결하고 싶다. 나에게 다가오게 하라. 소원을 들어줄 것이다."

아무도 모르게

이 여인이 아무도 모르게 예수님과 접촉했다는 사실에도 주목해야 한다. 어쩌면 당신은 바로 지금 예수님을 가까이함으로써 하나님의 자녀에게서 종종 접했지만 여전히 경험하지 못했던 기쁜 표정을 띠고 계신 예수님과 아주 미미한 접촉을 했을 수도 있다. 하지만 당신의 접촉이 은밀하더라도 그것은 사실이다. 다른 사람에게는 아직 말하지 못할 수준이라도 그것은 이루어진 것이다. 예수님과 접촉한 것이다.

우리가 모두에게 예수님과의 무엇보다 친숙한 사귐을 말할 수 있는 것은 아니다. 깊은 물일수록 움직임이 없고 고요하다. 오히려 우리가 예수님과 가까운 곳에 있다고 상상하는 순간보다 멀리 떨어져 있다고 생각하는 순간에 예수님과 더 가까울 때가 종종 있다. 자신의 영적 상태를 늘 정확하게 판단할 수 있는 것은 아니기 때문이다. 주님과 아주 가까이 있으면서도 더 가까이 가고 싶은 마음이 지나치다 보면 이미 누리고 있는 은총의 수준에 만족하지 못할 수도 있다. 스스로 만족하는 것이 은총의 징표는 아니지만 더 많은 은총을 갈망하는 것은 영혼의 건강한 상태를 훨씬 잘 보여주는 증거가 될 수도 있다.

주님께 은밀히 나아가라. 아내나 자녀나 부모에게 자신이 주님을 믿고 있다는 것을 밝힐 자신이 없다면 지금 당장 말할 필요는 없다. 예수님이 "네가 무화과나무 아래에 있을 때에 보았노라"(요 1:48)고 말씀하셨던 사람처럼 은밀하게 믿을 수 있다. 나다나엘은 그늘에 들어가 있어서 누구도 볼 수 없었지만 예수님은 그를 알아보시고 그의 기도에 주목하셨다. 마찬가지로 예수님은 당신이 군중이나 어둠 가운데 있을지라도 알아보시고 축복을 내려주실 것이다.

무가치하게 느껴져도

이 여인은 자신의 가치를 전혀 느끼지 못하는 상태에서 예수님과 접촉했다. 그녀는 이렇게 생각했을지 모른다. "위대한 예언자와 접촉할 때 어떤 갑작스러운 심판을 받지 않으면 좋을 텐데…." 그녀는 질병 때문에 부정한 여인으로 취급받았다. 사람들 사이에 끼어 있을 권리가 없었다. 레위기의 법을 엄격하게 적용하면 집을 벗어날 수 없었다. 하지만 그녀는 떠돌아다니고 있었고, 그래서 거룩한 구세주께 가서 만질 수밖에 없었다.

당신도 주님의 옷 가를 만질 자격조차 없을 정도로 자신이 무가치하다고 생각할 수 있다. 지금처럼 자신을 초라하게 생각해본 적이 없을 수도 있다. 지난주의 일을 돌이켜 보고, 지금의 심정과 하나님을 멀리하는 것을 고려하면 본인처럼 무가치한 죄인은 있을 수 없다고 생각할 수 있다. "나에게 은총이 주어질까?" 당신은 묻는다. "예수님이 나에게 관심을 가지실까?" 물론 그렇다! 예수님과 접촉할 때까지 자리를 떠서는 안 된다.

예수 그리스도는 가치 있는 사람이 아니라 무가치한 사람을 구원하신다. 간구할 때 의로움이 아니라 죄책감을 느껴야 한다. 당신이 자신을 부끄러워하더라도 예수님은 그렇게 생각하시지 않는다. 당신은 하나님의 자녀이기 때문이다. 그분께 다가갈 수 없다는 느낌이 들지라도 더욱 진지하게 갈망해야 한다. 자신이 부족하다는 느낌 때문에 주님께 다가가려는 마음이 더욱 간절해져야 한다. 주님은 당신의 필요를 채워주실 수 있다.

여인은 어려움 가운데 찾아왔고, 은밀하게 다가왔고, 무가치한 존재로 가까이 왔는데도 축복을 누렸다.

떨리는 믿음으로

이 여인은 몹시 떨면서 주님을 만졌다. 비록 순식간에 이루어진 접촉이었지만 믿음의 접촉이었다. 예수님을 붙잡는 것이 중요하다! 잠시라도 주님께 가까이 접근할 수 있다면 감사해야 한다. "내 안에 거하소서"라고 기도해야 한다. 그 순간 예수님이 직접 돌아보시면 감사하라! 단 한 번의 접촉으로 여인이 치유되었다는 사실을 기억하라. 몇 시간이 아니었다. 한 번의 접촉으로 그녀는 치유되었다.

당신도 지금 예수님의 눈에 띄었을지 모른다! 단 한 번의 눈길이라도 당신의 영혼은 즐거움을 누리고 위로받게 될 것이다. 어쩌면 당신은 예수님께 접촉하려고 기다리면서 두근거리는 마음으로 이렇게 자문할지 모른다. "나를 바라보실까? 나에게 사랑스러운 말씀을 하실까? 그분의 발밑에 앉도록 허락하실까? 무릎을 베고 휴식을 취하도록 허락하실까?" 다가가서 시도해보라. 이파리처럼 떨리더라도 다가가라.

어떤 때는 그분 앞에서 가장 많이 떠는 사람들이 누구보다 가까이 다가선다. 창조자는 피조물이 더할 수 없이 낮아지는 순간, 가장 높아지시기 때문이다. 우리가 자신을 보잘것없다고 생각할 때 예수님은 더 공정하고 사랑스러워 보인다. 하늘나라에 도달하는 가장 좋은 방법 가운데 하나는 우리의 손과 무릎을 바닥에 대는 것이다. 우리가 낮은 자세를 취하면 상황이 어떻든지 간에 타락의 두려움은 존재할 수 없다.

가장 겸손한 마음, 자신을 전혀 무가치하게 여기는 생각 때문에 자신을 비하하지 말고, 오히려 예수님을 더 자주 만날 수 있는 중요한 도구로 삼아야 한다. 자신을 비울수록 주님을 위한 공간은 늘어난다. 우리가 부족하면 부족할수록 주님은 더 많이 주신다. 병이 심하면 심할수록 주님이 온전하게 만드실 때 더 크게 감사하고 찬양할 수 있다.

당신이 알고 있듯이 여인은 실제로 예수님을 만졌다. 접촉의 순간에 여인이 어떤 질병을 앓고 있었든지 간에 그것은 진정한 믿음의 접촉이었다. 여인은 예수님 자신에게 다가갔다. 베드로를 만진 것이 아니다. 그랬다면 소용이 없었을 것이다. 요한이나 야고보를 만진 것도 아니다. 그랬다면 전혀 소용이 없었을 것이다. 여인은 주님을 만졌다. 당신 역시 주님을 만지기 전까지 만족해서는 안 된다. 믿음의 손을 뻗어 예수님을 만져야 한다. 예수님을 의지해야 한다. 피를 흘린 희생, 죽음을 감수한 사랑, 부활의 능력, 하늘을 향한 호소를 의지해야 한다. 예수님을 의지하는 순간, 살짝 접촉하기만 해도 영혼에 필요한 축복을 확실히 얻게 된다. 접촉의 결과는 다음과 같다.

치유와 온전함을
위한 접촉

군중 속에 있던 여인은 예수님과 접촉했고, 그 결과 주님의 능력을 경험하게 되었다. 믿음의 손가락을 통해 치유의 능력이 즉시 그녀에게 흘러들었다. 예수님 안에서는 어떤 질병이든지 치유된다. 치유는 몇 달이나 몇 년이 걸리는 것이 아니라 신속하게 완성된다.

질병이 말할 수 없이 심각할지라도 예수님 안에서는 넉넉히 치유될 수 있다. 예수님 안에는 모든 질병을 완벽하게 물리칠 수 있는 능력이 존재한다. 이 여인처럼 의사도 손쓰기 어렵고, 누구보다 절망적일지라도 예수님을 접촉하기만 하면 치료받을 수 있다.

우리가 죄인들에게 전해야 할 복음은 정말 소중하고 영광스럽다! 우리 안에 들어와 있는 사탄도 예수님을 만지면 쫓아낼 수 있다. 군대 마귀가 들어간 사람처럼 행동할지라도 예수님의 말씀을 가지고 깊은 물로 쫓아낼 수 있다. 그러면 생각이 돌아와 옷을 갖춰 입고 주님의 발 앞에 앉게 된다(막 5:1-15). 예수 그리스도의 능력이 감당하지 못할 정도로 난폭하고 무절제한 죄악은 있을 수 없다.

과거에 어떤 행동을 했을지라도 믿는다면 구원받게 될 것이다. 죄 때문에 완전히 주홍빛으로 물들었을지라도 믿는다면 예수님의 보혈이 눈처럼 희게 만들어 줄 것이다. 지옥 같은 암흑에 사로잡혀

구덩이에 처박힌 것 같을지라도 예수님을 믿는다면 그 단순한 믿음이 영혼을 치유해서 하늘길을 걷게 할 것이다. 우리 주 여호와 라파 앞에 서서 "주님은 우리를 치료하는 분"이라고 찬양하게 할 것이다(출 15:26).

우리도 이 교훈을 배워야 한다. 자신에 대해 이렇게 말할 수도 있다. "이토록 어리석을 수가 없어. 영적생활을 제대로 하지 못하니. 마음은 바라지만 육신이 약해. 아마 오늘도 하나님이 주시는 즐거움을 누리지 못하겠지!" 왜 그럴 수 없을까? 예수님을 접촉하면 죽었더라도 살아날 수 있고, 죽은 것처럼 보이더라도 분명히 작은 생명을 일깨울 수 있을 것이다!

예수님께 다가설 수 있도록 특히 노력해야 한다! 영원한 성령님이 우리를 찾아와 도와주시고, 생명을 상실한 어두운 순간이 이내 더할 수 없이 소중한 순간으로 바뀔 것이라는 믿음을 갖게 해주시기를 기도한다. 하나님은 "가난한 자를 진토에서"(삼상 2:8) 일으키시기에 얼마나 감사한지 모른다! 우리가 이미 높은 곳에 있다고 생각하면 하나님은 우리를 더 이상 높이 올리시지 않는다. 오히려 낮은 곳에 처해 있을 때 기쁘게 우리를 들어 올려 귀족들과 함께 앉히신다(삼상 2:8). 십자가에 달리신 예수님을 만지기만 하면 심각하게 무기력한 상태에서 황홀한 예배의 절정으로 순식간에 상승할 수 있다. 피를 흘리시고 머리에 가시관을 쓰신 예수님을 바라보라. 주님은 우리를 위해 매우 영광스럽게 고통을 겪으면서 숨을 거두셨다.

그런데 우리는 "바로 지금 수많은 의심에 시달리고 있다"라고 말한다. 예수님께 가까이 다가가면 의심은 즉시 사라진다. 예수님과 접촉한 사람은 누구도 의심하지 않는다. 본문에 등장하는 여인을 살펴보더라도 적어도 그 느낌이 지속되는 동안에는 그렇다! 그녀는 자신이 건강해졌다는 것을 몸으로 느꼈다. 만일 당신이 오직 주님과의 접촉을 위해 다가가면 역시 그렇게 느끼게 될 것이다. 증거를 기다릴 것이 아니라 예수님께 가서 증거를 구하라. 좋은 일이 닥칠 것이라고 상상조차 할 수 없다면 처음처럼 예수 그리스도께 나아오라. 한 번도 그래 본 적이 없어도 나아오라. 죄인으로 나아오라. 그러면 당신의 의심이 사라지게 될 것이다.

이런 죄책감도 있을 수 있다. "하지만 회심하고 난 이후로 내가 범한 온갖 죄악을 알고 있다." 죄책감이 다시 느껴지는 것 같을 때는 예수님께로 돌아오라. 샘은 여전히 열려 있다. 그 샘은 죄인은 물론 성도들에게까지 열려 있음을 기억하라. "그날에 죄와 더러움을 씻는 샘이 다윗의 족속과 예루살렘의 주민을 위하여 열리리라"(슥 13:1). 달리 말하자면 샘은 예수님 안에 있는 성도인 당신을 위해 존재한다. 샘은 여전히 열려 있다. 예수님께 다시 나아오라. 당신이 어떤 죄나 의심, 혹은 짐을 지고 있을지라도 주님을 만지는 순간 모두 사라질 것이다.

우리를 아시는
주님과의 접촉

내가 관찰한 바에 의하면 누군가 예수님을 만지면 주님이 아신다. 많은 사람이 당신을 이방인처럼 대할지라도 문제 될 것이 없다. 예수님이 당신의 이름을 알고 계신다. 당신이 축복받으면 당신 자신은 물론 예수님도 아신다. 당신이 지금 예수님을 찾아다닐지라도 다른 사람들이 알지 못하고 이웃들이 듣지 못할 것이다. 하지만 하늘나라 법정에는 기록으로 남을 것이다. 당신이 다시 태어났다는 것이 알려지는 순간 새 예루살렘의 모든 종이 울리고 모든 천사가 즐거워할 것이다(눅 15:10).

'특별한 사람!' 나는 당신의 이름을 모르지만 당신은 '특별한 사람'이다. 하나님의 선택적인 사랑이 주어지고, 예수님의 구속의 보혈이 뿌려지고, 그리고 성령님이 당신 안에서 어떤 일을 행하시는 특별한 사람이다. 혹은 예수님을 만지려고 하지 않던 특별한 사람이다.

다행스럽게도 예수님은 뛰어난 자녀만이 아니라 부족한 자녀 역시 알고 계신다. 이 사실에는 변함이 없다. "주께서 자기 백성을 아신다"(딤후 2:19). 이제 막 찾아왔거나, 아니면 50년간 알고 지내왔거나 상관없다. "주께서 자기 백성을 아신다." 내가 예수님의 지체라면 발에 불과할 수도 있지만 주님은 발도 아신다. 지상의 발이 상처 입을 때 하늘나라에 있는 머리와 가슴은 그 아픔을 느끼신다.

만일 우리가 예수님과 접촉하면 주님은 천사들의 영광과 보혈로 구속받은 성도들의 찬양 속에서 탄식에 귀를 기울이시고, 믿음을 받으시고, 그리고 평안을 허락하시는 시간을 베푸신다. 예수님이 우리에게 허락하시는 강력한 치유의 물결이 언제나 하늘에서 지상으로 밀려 내려온다. 우리가 예수님을 만난 이상, 치유의 능력이 우리를 붙잡게 된다.

구원의 접촉을
이웃에게 알리라

예수님은 우리가 구원받았다는 사실을 아신다. 또한 다른 사람들도 그 사실을 알기를 바라신다. 주님은 나에게 이런 생각을 주셨다. "주님께 손을 댄 어떤 사람이 있었다. 그 어떤 사람은 누구일까? 어떤 사람이여, 그대는 어디 있는가?" 우리는 비록 미약한 손가락이지만 그것으로 예수님을 만졌다. 그래서 지금 구원을 받았다. 그 사실을 주위에 있는 그리스도인들에게 알려야 한다. 그들에게 알리는 것은 당연한 일이다. 다른 그리스도인들이 병든 사람이 주님으로 인해 치유받았다는 것을 듣는 순간, 얼마나 기뻐하게 될지 우리는 상상조차 할 수 없다.

어쩌면 주님을 안 지 몇 개월밖에 되지 않아 공개적으로 인정하지 못했을지도 모른다. 그럴지라도 성경 본문의 여인처럼 더는 물러서지 말고 떨면서 앞으로 나아가라. 당신은 "무슨 말을 해야 할지 모르겠다"라고 말할 수도 있다. 이 여인이 주님께 고백한 내용을 말하면 된다. 그녀는 모든 사실을 털어놓았다. 당신의 형제자매인 그리스도인들은 다른 것을 바라지 않는다. 그들은 부끄러운 경험을 기대하지 않는다. 책에서 읽은 다른 사람의 감정을 전하는 것도 바라지 않는다. 당신이 느낀 대로 가서 말하라. 누구도 당신이 느끼지 않았거나 알지 못하는 것을 듣고 싶어 하지 않을 것이다. 하지만 예수님을 만지고 치유를 받았다면 예수님 안에 있는 형제자매들을 찾아가 주님이 당신의 영혼을 위해 행하신 내용을 소개하라.

예수님을 찾아가 함께 즐거운 사귐의 시간을 가질 때 주위의 그리스도인들에게 그 사귐을 소개하라. 설교를 들었다면 그날 교회에 출석하지 못한 가족들에게 영혼의 음식을 전달하라. 하나님은 당신이 소중한 진리에 관해 알고 있는 내용을 언제나 즐겨 말하도록 허락하신다. 당신이 누구든지, 가난한 '어떤 사람'에 불과할지라도 예수님을 만졌다면 주위 사람들에게 소개하라. 그들 역시 같은 방식으로 찾아와 주님을 만질 것이다.

"말씀이 육신이 되어 우리 가운데 거하시매" (요 1:14).

P·a·r·t·04

:
:

임재와 동행하는
기쁨을
맛보려면

죄에서 벗어나
거룩함을 유지하라

예수께서 대답하시되 내가 너를 씻어주지 아니하면 네가 나와 상관이 없느니라. 시몬 베드로가 이르되 주여 내 발뿐 아니라 손과 머리도 씻어주옵소서. 예수께서 이르시되 이미 목욕한 자는 발밖에 씻을 필요가 없느니라. 온몸이 깨끗하니라. 너희가 깨끗하나 다는 아니니라 하시니. 요한복음 13:8-10.

기드온의 양털은 이슬을 너무 많이 머금어 물기를 짜기가 힘들 정도였다(삿 6:38). 마찬가지로 성령님이 말씀을 통해 우리를 방문하시면 그 의미가 충만해진다. 우리의 구세주가 제자들에게 들려주신 본문 말씀은 나에게 마치 꿀을 찍은 빵과 같기에 당신 역시 그 달콤함을 느낄 수 있다고 확신한다.

잃어버린 고대의 축복

주님이 사랑하는 제자들을 극구 칭찬하시는 것을 주의 깊게 살펴보자. "온몸이 깨끗하니라." 이것은 우리 최초의 부모들이 너무 쉽게 잃어버렸던 고대의 축복이다. 인간은 이런 덕목을 상실했기에 낙원은 물론 하늘나라를 가까이하지 못한다. 가슴과 손에서 정결함이 사라지면 죄인으로 정죄받아 추방되고 모든 제물은 훼손된다. 반면 회개하는 사람은 누구나 하나님 앞에서 깨끗해지고 싶어한다. 가장 높은 수준의 믿음을 소유한 사람들은 무엇보다 깨끗함을 갈망한다. 깨끗함은 어떤 의식이나 정결법으로도 불가능하고 바리새인들의 어떤 외식으로도 도달할 수 없다. 깨끗해진다는 것은 천사처럼, 영광스러운 성인들처럼, 궁극적으로는 하나님 아버지처럼 되는 것이다.

주님의 용납, 안전, 행복, 그리고 모든 축복은 언제나 정결한 마음을 뒤따른다. 정결한 마음을 지닌 사람은 하늘나라를 놓칠 수 없다. 정결한 마음은 인간이 소유로 삼기에 너무 고귀한 상태이다. 그런데 실수하시지 않는 주님이 제자들에게 깨끗하다고 말씀하셨다. 정결함에 요구되는 어떤 규정이나 조건도 없었다. 그들은 영원히 평등하게 대하시는 그분의 시선을 통해 완벽하게 인정받고 조금도 부정하지 않은 것으로 여겨졌다.

당신은 이 같은 축복을 누리고 있는가? 예수님의 의로움을 소유할 수 있을 정도로 믿음이 있는가? 예수님을 완벽한 정화, 성화, 구속으로 삼고 있는가? 성령님이 당신의 평안한 영혼에 대해 "온몸이 깨끗하니라"고 증언하셨는가? 확신은 사도들에게만 국한된 것이 아니다. 믿음으로 하나님의 의로움을 소유하면 그 안에서 충만해지고(골 2:10), 또한 "그리스도 안에서 완전한 자"(골 1:28)로 세워진다.

시편 기자는 이렇게 말했다. "나를 정결하게 하소서. 내가 정하리이다"(시 51:7). 당신이 이미 씻음받았다면 이제 주님 앞에서 더할 수 없이 완벽하게 깨끗하다. 성도들이라면 누구나 이런 특권에 어울리는 삶을 살고 싶을 것이다! 하지만 불행하게도 너무 많은 사람이 형편없는 죄인처럼 낙심한다. 그리스도 예수를 통해 용서받았기에 주님 안에서 행복을 누릴 수 있다는 사실을 잊어버린다. 사랑하는 그리스도인이여, 우리는 예수님과 한 몸이다. 그러므로 "악독이 가득한"(행 8:23) 죄인이 아니라 "젖과 꿀이 흐르는 땅"(민 16:13)에 있는 성도들이다.

그리스도인의 정결함은 무엇으로도 측정할 수 없다. 변하거나 사라지는 것이 아니다. 오히려 존재하고 불변하며, 완벽하다. 말씀을 통해, 양심에 "뿌린 피"(히 12:24)를 통해, 그리고 주 예수 그리스도의 의가 전달됨을 통해 깨끗해졌다.

그런즉 머리를 들고 즐거운 마음으로 노래하라. 우리의 잘못이 용서되고 우리 죄가 가려졌다. 여호와가 우리에게서 잘못을 찾아내시지 않는다. 믿음을 통해 예수님 안에서 이 특권을 누리기 전까지 더는 기회를 놓쳐서는 안 된다. 단지 이 소중한 선물을 가질 수 있다는 사실을 믿는 것에 만족하지 말고 자신을 위해 굳게 붙들어야 한다. 우리가 예수님의 대속의 죽음을 노래하는 찬양을 부를 수만 있다면 참으로 대단한 노래임을 깨닫게 될 것이다.

정결하게 하는
능력의 근원

"온몸이 깨끗하니라"는 구절에 함축된 능력의 근원은 찬양하게 하시는 분께 있다. 다른 사람들로부터 인정받는 것도 의미가 있지만 그렇다고 해서 끝까지 결과가 좋은 것은 아니다. 깨끗함을 평가하는 인간의 기준은 아주 부정확해서 측정해도 의미가 없다. 그 결과를 두고 문제가 없다고 판단하는 것은 어불성설이다. 그렇지만 주 예수님은 육신을 따라 판단하시는 법이 없다. 예수님은 하나님에게서 오셨고 그 자신이 하나님이시기에 한없이 의롭고 선하시다. 따라서 주님은 정확하게 살피시고 완벽하게 판단하신다.

나는 주님이 깨끗하다고 선언하시는 사람은 누구든지 정말 깨끗하다는 사실을 알게 되었다. 우리 주님은 모든 것을 알고 계시기에 제자들이 저지른 가장 작은 잘못까지도 찾아내실 수 있다. 사람에게 용서받지 못한 죄가 남아 있다면 주님의 눈에 띌 수밖에 없다. 아직도 과거의 잘못을 청산하지 못했다면 즉시 드러날 것이다. 사소한 잘못조차 모든 것을 감찰하시는 주님의 시선을 비켜 갈 수 없다. 그런데도 주님은 유다를 제외한 모든 제자에게 주저하지 않고 "온몸이 깨끗하니라"고 말씀하셨다.

어쩌면 제자들은 이처럼 완벽한 선언의 의미를 제대로 파악하지 못했을지도 모른다. 그들은 성령을 통해 지금 우리에게 계시된 심오하고 즐거운 의미를 상당 부분 놓쳤을 수도 있다. 그렇지 않았다면 하나님 앞에서 거룩한 입술로 자신들의 모습을 아주 솔직하게, 아주 긍정적으로, 아주 분명하게 증언하시는 것을 듣고 무척 기뻐했을 것이다! 하지만 진정으로 복된 음성을 직접 듣지 못했다고 해서 조금도 서운하게 생각할 필요는 없다. 성경에 기록된 증언은 주님이 사람들 사이에서 말씀하셨을 때만큼이나 확실하다. 그 증언을 "믿는 자마다 의롭다 하심을"(행 13:39) 얻는다.

이 약속은 구속자가 들려주시는 말씀을 직접 듣는 것만큼이나 확실하다. 진심으로 예수님을 자신의 모든 것으로 여기려고 하면 잘못된 죄악에서 완전히 풀려날 수 있다. 그때 우리의 즐거움은 대단할 것이다! 의의 세계를 판단하시는 주님이 직접 우리가 깨끗하다고 확인해주셨다. 우리의 범죄에 대한 비난이 아무리 어둡고 험악할지라도 죄의 용서는 훨씬 더 밝고 더 큰 위안이 된다. 주님 안에서 즐거워하자. 우리는 누구도 반박할 수 없는 주님의 판단으로 인해 아주 즐겁고 영광이 충만한 축복을 누리게 되었다.

정결하여 칭찬받은
사람들

칭찬받은 사람들을 떠올리면 용기를 내는 데 도움이 될 수 있다. 그들은 천사가 아니라 인간이었고 약점도 아주 많았다. 무척 성급하고 건방진 베드로가 그 대표적인 인물이다. 그렇다고 그들을 일일이 거명할 필요는 없다. 그들 모두 주님을 저버렸고 주님이 고통을 겪으실 때 줄행랑을 쳤다. 은총의 관점에서 보면 그들 가운데 누구 하나도 평범한 어린아이보다 낫지 않았다. 사도로 부름받은 것 말고는 거의 자격이 없었다. 그들은 우리와 같은 감정을 지닌 것이 분명했다. 하지만 주님은 그들이 깨끗해야 한다고, 그리고 깨끗하다고 선언하셨다.

이것은 의에 목마르고 염려하는 이들에게 자양분이 된다. 그들은 내주하는 죄를 상당히 부담스럽게 생각한다. 주님 앞에서 깨끗함은 우리의 죄나 약함 때문에 훼손되거나 내적 시험 때문에 흔들리지 않는다. 우리는 의로우신 분을 의지한다. 개인적인 약점, 영적 불안,

영혼의 갈등, 혹은 정신적 고통은 그분의 사랑을 누리는 데 전혀 영향을 미치지 못한다. 우리는 약한 젖먹이나 떠돌이 양에 불과하기에 바라는 것을 가까이하지 못할 수도 있다. 하지만 하나님은 우리가 예수님의 피로 씻어져 깨끗하게 되었다고 판단하신다.

깨끗하게 되었다는 표현은 정말 강력하다! 어떤 관점에서 바라보더라도 모든 측면에서, 그리고 더할 수 없을 만큼 깨끗하다. 믿음을 갖고 있다면 이 사실은 우리에게도 분명히 해당한다. 은총의 계약을 따라 주어진 그분의 우물에서 주저하지 말고 물을 마셔야 한다. 이 놀라운 내용을 믿는 것을 무례한 짓이라고 생각해서는 안 된다. 우리는 오직 놀라운 일만 행하시는 구세주를 대하고 있다. 그런즉 엄청난 축복이 내려질 때 뒤로 물러서서는 안 된다. 그 내용은 주님의 말씀이나 행동과 매우 비슷하기에 더욱 쉽게 믿을 수 있다.

당신이 자신을 위해 믿음을 갖고 의심을 날려버리면 의심은 줄어들고 믿음은 더욱 커진다. 그러면 당신은 계속해서 "이 어찌 된 일인가?"(눅 1:43)라고 외치게 될 것이다. 돼지와 함께 뒹굴던 내가 어째서 천사처럼 순결해져야 할까? 가장 추한 죄로부터 구원받았으니 이제 나는 완벽한 의를 소유할 수 있을까? 하늘이여, 주님이 행하신 일을 찬양하라. 주님은 영원토록 찬양받으실 것이다!

지금 즉시
정결하게 하라

칭찬이 주어지는 시간 역시 우리에게 교훈이 된다. 사랑이 듬뿍 담겨 있는 '깨끗하니라' 는 말씀은 현재형이다. '깨끗했었느니라' 는 과거형이 아니다. 그렇다면 이것은 의도적으로 무시한 것에 대한 정죄, 앞으로 닥치게 될 진노에 대한 예언, 혹은 부끄러워하지 않고 순결함을 훼손한 것에 대한 비난일 수 있다. 또한 '깨끗할 수도 있었느니라' 도 아니다. 그렇다면 이것은 특권을 거절하고 기회를 허비한 것에 대한 엄격한 책망이다. '깨끗할 것이니라' 도 역시 아니다. 비록 어느 정도 시차를 두고 좋은 일이 생길 것이라는 즐거운 예언일 수도 있지만 사실이 아니다. '깨끗하니라' 는 어디에 자리 잡고 있든지 간에 바로 지금 그렇다는 뜻이다.

이것은 현재 온전하지 못하다는 느낌에 사로잡혀 있는 우리에게 상당한 위로가 될 수 있다! 우리의 정결함은 이 현재의 시간과 무관하지 않다. 우리의 현재 상태나 조건은 모두 깨끗하다. 그렇다면 어째서 우리의 즐거움을 뒤로 미뤄야 할까? 그 즐거움은 우리의 인정 여부에 달린 것이므로 지금이라도 우리의 기쁨이 흘러넘치게 하자.

우리가 물려받을 유산 대부분은 분명 미래에 주어질 것이다. 하지만 바로 이 순간에 우리의 신앙에 대해 근거가 확실한 다른 축복이 존재하지 않을지라도 이 한 가지 축복만이라도 최고 수준에서 그 능력을 발휘하도록 해야 한다. 바로 지금 우리는 성도들의 의로움을 상징하는 매우 흰 의복을 입고 있다. 예수님의 피로 씻기고 그분의 이름으로 용서받았기 때문이다. 성령님이 모든 성도에게 "깨끗하니라"고 증거해주시기를 기도한다.

예수님과 실제적인
연합을 이루라

그러나 내가 에브라임에게 걸음을 가르치고 내 팔로 안았음에도 내가 그들을 고치는 줄을 그들은 알지 못하였도다. 내가 사람의 줄 곧 사랑의 줄로 그들을 이끌었고 그들에게 대하여 그 목에서 멍에를 벗기는 자같이 되었으며 그들 앞에 먹을 것을 두었노라. 호세아 11:3-4.

조직신학자들은 예수님과의 연합에 세 가지 측면, 즉 자연적, 영적, 그리고 계약적 측면이 존재한다는 데 대체로 동의해 왔다. 이것은 전체적인 주제로 삼아도 될 정도로 광범위하지만 우리를 예수님과 묶어주는 방법에는 두 가지가 더 있다. 사랑의 끈과 목적의 끈이 바로 그것이다.

예수님과 묶어주는
사랑의 끈

        성도들은 처음부터 영원한 사랑의 끈으로 예수님과 결합하였다. 예수님은 그들의 본성을 인정하거나 그분을 기뻐하도록 만들기에 앞서 관심을 보이셨고 영적으로 즐거워하셨다. 세상이 창조되기 이전부터 그분은 전지한 시선으로 선택받은 이들을 바라보며 기뻐하셨다. 구속이 결정된 영혼들과 예수님을 결합한 사랑의 끈은 강력해서 절대 풀어지지 않았다. 쇠막대기를 끈으로 사용해도 그만큼 강력하거나 효과적일 수는 없었다.

  진정한 사랑의 접착력은 우주 만물 가운데 그 무엇보다 강력해서 어떤 하중이라도 견딜 수 있다. 실제로 사랑은 최고의 압력을 감당한다. 구세주의 사랑을 넘어설 수 있는 시련이 무엇이고 그 사랑을 어떻게 감당할 수 있는지 설명할 수 있는 사람이 있을까? 그 사랑을 능가하는 진정한 연합은 없었다. 요나단의 영혼이 다윗의 영혼과 결합함으로써 다윗을 자신의 영혼처럼 사랑하게 되었듯이 영광의 주님은 뜨겁고 성실한 사랑의 끈으로 우리와 하나가 되셨다. 사랑은 일치를 형성하고 지속하는 데 있어 무엇보다 강력한 잠재력을 발휘할뿐더러 바닥을 드러내는 법이 없다. 창조자가 피조물과 하나 될 때, 즉 신적 존재와 인간 존재가 결합될 때도 그렇다. 그러므로 이것은 연합의 돋는 해, 즉 하나님의 선택받은 가족 모두를 맞이하는 예수님의 사랑으로 여겨야 한다.

예수님과 묶어주는
목적의 끈

사랑의 결합과 더불어 목적의 결합도 있다. 선택받은 사람들은 사랑의 결합을 통해 아들 예수님의 행위와 뜻에 따라 그분과 하나가 된다. 그들은 목적의 결합을 통해 아버지의 결정과 지시대로 그분께 합류한다. 이런 신적 행위는 늘 영원하다. 아들은 자기 사람들을 사랑하고 선택해서 신부로 삼으셨다. 아버지 역시 같은 선택을 하셨고, 선택받은 이들이 더없이 영광스러운 아들과 영원히 하나가 되도록 지시하셨다. 아들은 그들을 사랑하셨고 아버지는 그들에게 아들의 위치와 유산을 물려주셨다. 아버지는 그들에게 아들이 기대한 모습이 되도록 명령하셨다.

하나님의 백성은 하나님의 목적에 따라 계획 일부로써 예수님과 영원히 결합하였다. 구원은 하나님의 존재를 확인시키는 미리 결정된 구조이기에 당연히 그 계획에 구세주가 포함되었다. 그분은 구원받기로 선택된 사람들과 결합한 존재이기 때문이다. 구속자와 구속받은 이들 모두 구속의 범위에 포함되었다. 어느 쪽도 모든 것을 계획하시는 여호와의 생각과 뜻을 벗어날 수 없었다.

생명 상속자의 이름이 포함된 변함없는 책에는 구속자의 이름도 있다. 구속해야 할 영혼이 존재하지 않았다면 예수님은 구속자가 되실 수 없었다. 주님이 값을 치르기로 약속하시지 않았다면 성도들 역시 몸값을 치른 존재로 불릴 수 없었다. 하늘에 계신 하나님이 구속을 결정하셨을 때 그 안에는 예수님과 그분께 속한 이들이 포함되어 있었다. 그 결정 때문에 서로가 더욱 가깝고 긴밀하게 결합하였다.

하나님은 타락에 따른 재앙을 미리 아셨고, 그래서 선택된 사람들이 피할 수 없는 몰락을 벗어나도록 자비로운 방법을 제시하셨다. 하나님이 형식을 달리하는 계획을 준비하신 것도 이 때문이었다. 이런 형식의 연합에는 구원이라는 직접적인 목적 외에도 예수님이 선택받은 사람들과 맺으신 겸손한 결합을 소개하려는 또 다른 목적이 있었다. 연합의 또 다른 형식들은 다음과 같다.

새로운 사랑의
계약에 따라

예수님은 계약의 끈 때문에 자신이 선택한 이들과 하나가 되셨다. 살과 피의 상속자들은 누구나 아담에게 개인적인 관심을 둔다. 그가 계약의 머리이고 행위의 법에 지배받는 인류의 대표자이기 때문이다. 하지만 은총의 법에 속한 사람들은 누구나 하늘에서 오신 주님과 한 몸이다. 그분이 바로 두 번째 아담이고 새로운 사랑의 계약에 따른 후원자와 대속자가 되시기 때문이다.

히브리서 기자는 멜기세덱이 아브라함을 만났을 때 그의 허리에 레위가 있었다고 선언했다(히 7:9-10). 은총의 계약이 성립되었다고 선언되고 인정되며, 그리고 영원히 확인되었을 때 성도들이 중재자가 되시는 예수 그리스도의 허리에 있었다는 것 역시 사실이다. 그러므로 예수님이 무슨 일을 하시든지 그것은 교회의 모든 지체를 위한 일이다. 우리는 그분 안에서 십자가에 달렸고 그분과 함께 장사되었다(골 2:12). 더 놀라운 사실은 우리가 그분과 함께 부활해서 하늘나라로 올라갔다는 것이다(엡 2:6).

교회는 이 같은 방식으로 율법을 성취했고, "사랑하시는 자"(엡 1:6)로 받아들여졌다. 그래서 공의의 여호와가 교회를 만족스럽게 여기신다. 예수님을 통해 교회를 바라보고 계약의 머리와 따로 분리해서 대하시지 않기 때문이다. 이스라엘의 기름 부은 구속자이신 예수 그리스도는 교회와 전혀 다르시지 않고 완전히 같으시다.

아담이 의로움을 유지하는 한 우리 역시 의로웠다. 그가 죄를 범하는 순간 우리 역시 죄를 범했다. 마찬가지로 두 번째 아담이 행하시는 모든 것은 우리가 그분을 대표자로 인정하는 한 우리의 몫이다. 은총의 계약은 여기에 기초를 두고 있다. 대표와 대속으로 이루어진 자비의 체계 때문에 감동한 순교자 유스티누스는 이렇게 외쳤다. "오, 복된 변화여! 오, 달콤한 자리바꿈이여!" 이것은 구원의 복음을 위한 토대이며 강력한 믿음과 뜨거운 즐거움으로 받아들여야 한다. 성도들은 어디에서나 예수님과 완벽하게 하나이다.

본성으로도
역시 하나 된 결합

주 예수님은 속죄와 완벽한 순종이라는 위대한 사역의 완수를 위해 자신을 "죄 있는 육신의 모양"(롬 8:3)으로 인정하셔야 했다. 그분은 그렇게 하심으로 본성으로도 우리와 하나가 되셨다. 성경은 육신과 피를 나누면 예외 없이 한 가족으로 여긴다. 우리 주 하나님이 "인류의 모든 족속을 한 혈통으로 만드사 온 땅에 살게"(행 17:26) 하셨기에 아담의 후손이라는 사실은 모든 인간이 같은 피를 갖고 태어났다는 뜻이다. 그래서 성경은 인간을 일반적으로 "네 형제"(레 19:17)와 "네 이웃"(출 20:16)으로 부르고 있다. 우리는 본성과 혈통상 그들에게 친절과 호의를 베풀어야 한다.

그런데 위대한 멜기세덱은 신성 때문에 "아버지도 없고 어머니도 없고 족보도 없고 시작한 날도 없고 생명의 끝도"(히 7:3) 없다. 그분은 본질과 지위 모두 타락한 인류와 전혀 무관하시다. 하지만 인성은 우리와 다르실 바 없다. 그분은 여인에게서 태어나셨다. 젖을 먹고 무릎 위에서 자라셨다. 어린 시절과 청소년기를 거쳐 성인이 되셨고 언제나 진정으로 우리와 같은 인성을 공유하셨다. 그분은 분명히 신적 존재이시며 동시에 아담의 후손이셨다.

예수님은 허구나 은유와 무관하게 하나님이시고 의심과 논쟁의 여지가 없는 인간이시다. 그리스도 안에서 신성은 인간화되어 희석될 수 없었고 인성은 신성으로 바뀌거나 인간을 넘어설 수 없었다. 인자, 슬픔의 사람, 그리고 고통에 익숙하신 예수님보다 완벽한 인간은 없었다. 그분은 인간의 완벽한 본성을 갖고 계셨기에 인간의 형제이시다. "말씀이 육신이 되어 우리 가운데 거하시매"(요 1:14). 진정한 하나님이신 그분은 스스로 "하나님보다 조금 못하게 하시고"(시 8:5), "자기를 비워 종의 형체를"(빌 2:7) 가지셨다.

이 모든 것은 우리의 구속과 관련해서 무엇보다 탁월한 의도에 따라 수행되었다. 인간이 죄를 범하면 고통을 당연히 겪어야 하기 때문이다. 하지만 거기에는 분명히 또 다른 목적이 있었다. 즉 교회를 영화롭게 하고 주님이 교회와 교감을 나누시기 위함이었다. 히브

리서의 저자는 아주 아름다운 말을 남겼다. "나와 및 하나님께서 내게 주신 자녀라 하셨으니 자녀들은 혈과 육에 속하였으매 그도 또한 같은 모양으로 혈과 육을 함께 지니심은 죽음을 통하여 죽음의 세력을 잡은 자 곧 마귀를 멸하시며 또 죽기를 무서워하므로 한평생 매여 종노릇 하는 모든 자들을 놓아주려 하심이니"(히 2:13-15).

그는 또한 이렇게 기록했다. "우리에게 있는 대제사장은 우리의 연약함을 동정하지 못하실 이가 아니요 모든 일에 우리와 똑같이 시험을 받으신 이로되 죄는 없으시니라"(히 4:15).

따라서 혈통으로 볼 때 사람의 아들 예수님은 하늘나라의 상속자이시다. "그러므로 형제라 부르시기를 부끄러워하지 아니하시고"(히 2:11). 우리가 크게 위로받고 즐거워해야 할 이유가 여기에 있다. "거룩하게 하시는 이와 거룩하게 함을 입은 자들이 다 한 근원에서 난지라"(히 2:11). 우리는 주님에 대해 가난한 나오미가 관대한 보아스를 소개한 것처럼 말할 수 있다. "그 사람은 우리와 가까우니 우리 기업을 무를 자 중의 하나이니라"(룻 2:20). 때때로 우리는 복되신 주님의 너그러움에 압도당해 룻처럼 외치게 된다. "나는 이방 여인이거늘 당신이 어찌하여 내게 은혜를 베푸시며 나를 돌보시나이까?"(룻 2:10) 주님이 이 같은 질문에 자신이 우리의 형제, 즉 뼈 중의 뼈이며 살 중의 살이라고 응답하실 때 우리는 놀라서 죽음까지 마다하지 않게 되는 것이 아닐까?

시험과 어려움 속에서도 구속자가 인간이 되셨다는 사실을 소중히 간직하면 아마 따뜻한 마음을 잃고 슬퍼하는 일은 없을 것이다. 우리는 늘 위로하시는 구속자의 넉넉한 마음을 지닐 수 있다. 그분은 이방인이 아니시다. 그분은 마음의 고통에 동참하실 수 있다. 직접 쓰라린 고통을 겪으셨기 때문이다. 우리의 나약함과 슬픔을 공감하시는 그분의 능력을 결코 의심해서는 안 된다.

예수님과 우리의 자연스러운 연합이라는 이 주제에는 너무 소중해서 그냥 지나칠 수 없는 한 가지 측면이 있다. 주 예수님은 우리의 본성을 지니셨고(빌 2:7), 아담의 타락으로 오염되고 손상된 하나님의 형상을 우리에게 회복시키신다(벧후 1:4). 죄의 나락에서 완전함이라는 고귀한 상태로 들어 올리신다. 그러므로 이중적인 의미에서 볼 때 머리와 지체는 본성이 같다. 느부갓네살이 꿈에서 본 기괴한 형상과는 다르다. 그 형상의 머리는 정금이었지만 배와 넓적다리는 놋, 종아리는 쇠였고, 발은 쇠와 진흙이 얼마씩 섞여 있었다(단 2:32-33).

예수님의 몸은 상반된 것들이 터무니없이 결합한 것이 아니다. 머리도 영원하고 몸 역시 영원하다. 성경에 그렇게 기록되어 있기 때문이다. "이는 내가 살아 있고 너희도 살아 있겠음이라"(요 14:19). "무릇 하늘에 속한 자들은 저 하늘에 속한 이와 같으니 우리가 흙에 속한 자의 형상을 입은 것같이 또한 하늘에 속한 이의 형상을 입으리라"(고전 15:48-49). 이것은 순식간에 더욱 분명해질 것이다. "이 썩을 것이 반드시 썩지 아니할 것을 입겠고 이 죽을 것이 죽지 아니함을"(고전 15:53) 입을 것이기 때문이다. 머리로 인해 몸과 모든 지체는 특별하다. 선택된 머리와 선택된 지체, 살아 있는 머리와 살아 있는 지체이기 때문이다. 머리가 정금이면 몸의 모든 부분 역시 정금이다. 따라서 우리의 인성과 예수님의 신성의 결합은 이중적이기에 그 무엇보다 막역한 교제를 가능하게 하는 완벽한 토대가 된다.

여기서 잠시 열악한 처지에서 하나님의 영광과 귀한 연합이 가능하도록 이끄시는 하나님 아들의 끝없는 겸손을 묵상하자. 이것을 생각하면 말할 수 없을 만큼 황홀해진다. 죽을 수밖에 없던 신세를 떠올리면 너무 초라해져서 이렇게 부패를 이야기할 수밖에 없다. "무덤에게 너는 내 아버지라, 구더기에게 너는 내 어머니, 내 자매라 할지라도"(욥 17:14). 하지만 예수님 안에서는 아주 존귀하기에 전능자를 "아빠 아버지"(롬 8:15)라고 말할 수 있고, 성육신하신 하나님을 "주님은 나의 형제이고, 나의 남편"이라고 말할 수 있다.

오래된 귀한 가문의 후손이기에 사람들로부터 대접받는다면 우리에게는 그 이상의 영광을 누릴 수 있는 충분한 이유가 있다. 이 특권을 굳게 붙잡아야 한다. 어리석은 게으름 때문에 거룩한 계보를 따르는 데 태만해서는 안 된다. 어리석게도 허영심에 사로잡혀 이 영광스러운 특권을 외면하는 일이 없도록 조심해야 한다. 예수님과의 연합은 이 세상으로서는 상상할 수 없는 영광이다.

우리는 이제 오래된 산으로 이어지는 길을 거슬러 올라가 예수님과의 연합이 본래 어떤 형태였는지 묵상할 필요가 있다.

영적 연합을 통한
하나 됨

예수 그리스도는 영적 연합을 통해 자기 사람들과 결합하여 있다. 우리는 보아스가 혈통으로 따지면 룻과 한 몸이었지만 그녀와 훨씬 더 긴밀한 연합, 즉 결혼 전까지 잠자리를 함께하는 일은 일어나지 않았다는 것을 알고 있다. 이와 마찬가지로 예수님과 사람들의 자연스러운 연합에서는 그분이 남편의 입장이 되고 교회가 신부의 자리에 서는 영적 결합이 존재한다.

사랑에 빠진 예수님은 교회가 노예의 신세로 전락하기 훨씬 이전부터 순결한 처녀로 여기고 배우자로 삼으셨다. 그 뜨거운 애정 때문에 야곱이 라헬을 위해 약속된 값을 모두 치른 것처럼 애쓰셨다. 그리고 이제 그분의 영을 시켜 신부를 찾아내 자신을 알리고 사랑하게 만드신 다음, 어린 양의 혼인 잔치에서 서로의 기쁨이 절정에 이르게 될 영광스러운 순간을 기다리신다.

영광스러운 신랑은 하늘에 계신 분 앞에 자신의 완벽하고 흠 없는 신부를 아직 소개하지 않았다. 신부는 그분의 아내와 왕비로서의 위엄을 아직 제대로 누릴 수 있는 처지가 아니다. 오히려 고통스러운 세상을 떠도는 사람, 즉 게달의 장막(시 120:5)에 머무는 신세이다. 하지만 지금도 여전히 그녀는 예수님의 신부이고 애정의 대상이고 소중하다. 그리고 인격적으로 결합하여 있다. 주님은 사랑스럽고 다정하게 말씀하신다.

> 나는 너를 잊지 않겠고 잊을 수도 없다.
> 나의 심장에 새겨진 너의 이름은 영원하다.
> 내가 보는 손바닥에는 너를 위해
> 고통을 겪을 때 입은 상처가 남아 있다.

예수님은 교회를 상대로 남편이 할 수 있는 모든 애정을 쏟으신다. 필요한 것을 풍성하게 공급하시고, 모든 부채를 해결하시고, 그분의 이름을 사용하고 모든 재산을 공유하도록 용납하신다. 절대 다른 행동을 하시지 않을 것이다. 이혼이라는 말을 입에 담으시지 않을 것이다. "나는 이혼하는 것과 옷으로 학대를 가리는 자를 미워하노라"(말 2:16). 죽음은 이 세상 누구보다 사랑하는 부부라도 갈라놓을 수 있지만 이 영원한 결혼은 그럴 수 없다.

하늘나라에서는 결혼하지 않고 누구나 하나님의 천사와 비슷하지만 놀라운 예외적인 규칙이 하나 있다. 하늘나라에서는 예수님과 교회의 즐거운 부부생활을 축하할 것이다. 이 결혼 관계는 지상의 결혼보다 더 견고할 뿐 아니라 친밀하다. 어떤 남편의 사랑이 지극히 순수하고 뜨거울지라도 예수님의 심장에서 불타는 불길을 베낀 그림에 지나지 않는다. 예수님이 아버지를 떠나 교회와 한 몸이 되신 영적 결합은 인간의 모든 연합을 능가한다.

이것이 우리 영혼과 주님 사이에 존재하는 연합이라면 우리의 사귐의 통로는 얼마나 깊고 또 넓은가! 이것은 가늘게 흘러나오는 좁은 파이프가 아니다! 엄청난 양의 생수가 흘러넘칠 정도로 깊이와 넓이가 거대한 통로이다. 주님은 우리를 위해 그 입구를 개방하셨다. 망설일 필요가 없다. 사귐을 갖는 곳에는 진주 문이 여럿 있다. 예외 없이 진주 한 개씩이 장식되어 있고 우리를 환영하기 위해 모든 문이 활짝 열려 있다.

예수님과 대화를 나눌 수 있는 문이 작고 하나뿐이라면 그 좁은 문으로 대화를 나누는 것은 대단한 특권일 것이다. 그러나 우리는 아주 넓은 입구를 이용할 수 있는 축복을 받았다! 주 예수님이 우리와 멀리 떨어져 계시고, 폭풍이 자주 몰아치는 바다가 가로막고 있다면 우리의 사랑을 전하고, 또 주님 아버지의 집에서 새로운 소식을 가져올 심부름꾼을 보내고 싶은 마음이 간절할 것이다. 하지만 주님은 정말 다정하시다! 우리가 살고 있는 집 옆에 그분이 거처할 집을 건축하셨다. 그뿐만 아니라 겸손을 모르는 우리의 마음에 들어오셔서 함께 거하시고 영원히 우리와 교제하신다.

언제나 주님과 교제하면서 살지 않는 것보다 어리석은 일은 없을 것이다! 길이 멀고 험하고 어려우면 친구 간에 서로 자주 만나지 못해도 이상하게 생각하지 않는다. 하지만 친구들이 함께 생활하면서 요나단과 다윗 같은 우정을 유지하는 데도 서로를 잊을 수 있을까? 아내는 남편이 일 때문에 멀리 떠나면 혼자서 여러 날을 보낼 수 있다. 하지만 남편이 집에 있는데도 떨어져 지내는 것은 절대 용납하지 않을 것이다. 주님을 찾아가라. 가까이 계신다. 팔을 벌려 안으라. 당신의 형제이다. 단단히 붙잡으라. 당신의 남편이다. 심장으로 느껴보라. 당신의 일부이다.

실제로 확증된
생생한 연합

　　　이번 장에서는 예수님이 우리를 위해 활동하시는 것을 중심으로 살펴보았다. 예수님은 우리와의 연합을 입증하고 실행하신다. 이제 우리는 이처럼 대단한 진리의 더욱더 인격적이고 구체적인 형식에 접근해야 한다.

주님을 위해 구분된 이들은 머지않아 타락한 인간의 무리와 분리된다. 그들은 하나님의 은총 덕분에 주 예수께 접붙여진다. 우리가 생생한 연합이라고 부르는 이것은 교리보다는 경험에 해당하는 문제이다. 머리가 아니라 가슴을 통해 배워야 한다.

성령님의 다른 모든 사역이 그렇듯이 예수 그리스도께 영혼을 이식하는 것은 신비롭고 은밀한 일이다. 그것은 새로운 출생을 이해할 수 없는 것처럼 육신의 생각으로 알 수 없다. 그 두 가지 경험은 서로 잇따라 일어난다. 그런데도 영적인 사람은 영혼의 구원 과정에서 아주 핵심이 되는 것을 구별해낸다. 예수님과의 생생한 연합이 성령님의 신속한 영향으로 어떻게 결실을 맺는지 확실하게 이해한다. 실제로 어떤 면에서 보면 이 생생한 연합은 성령님의 영향과 같다.

주님이 죄책감에 시달리던 우리에게 다가와 자비를 베푸시며 건넨 첫마디는 "살아나라"였다. 주님이 이처럼 말씀하신 이유는 생명 없이는 영적 지식이나 감정, 혹은 동작이 있을 수 없기 때문이다. 생명은 영적인 문제들 가운데에서도 절대적으로 핵심에 해당한다. 생명이 주어지기 전까지 하늘나라의 일에 참여하지 못한다.

그렇다면 성도들이 새로워지는 순간에 은총으로 주어지는 생명은 줄기에서 수액이 전해지듯이 가지 같은 우리에게로 흘러들어 예수님과 우리 영혼 사이에 생생한 고리를 형성하는 예수님의 생명이라고 할 수 있다. 신앙은 이 연합을 알아보는 은총이다. 그로 인해 첫 열매를 맺는다. 비유적으로 표현하자면 신앙은 교회라는 지체와 무엇보다 영광스러운 머리를 연결하는 목이라고 할 수 있다.

신앙은 주 예수를 아주 굳게 붙잡도록 만든다. 신앙은 예수님의 탁월함과 가치를 알고 있기에 어떤 시험으로도 다른 것을 신뢰하게 만들 수 없다. 그리스도 예수는 이 하늘나라의 은총을 아주 기뻐하셔서 줄곧 힘을 불어넣으시고 사랑으로 안아주시고 영원한 팔로 아낌없이 후원하시고 뒷받침하신다. 그 덕분에 생생하고 구체적이고 즐거운 연합이 성립된다. 사랑과 확신과 동정과 만족과 기쁨의 물결이 흘러나와 신랑과 신부 모두 즐겨 마실 수 있다.

눈이 맑아지고 영혼이 예수님과 하나 된 것을 깨닫게 될 때 구속받은 자와 구속자는 박동이 같아지거나 같은 피가 혈관을 타고 흐른다. 그러면 심장은 말할 수 없는 즐거움을 느끼고 지상만큼이나 하늘과 더 가까워진다. 무엇보다 탁월하고 영적인 친교를 누릴 수 있는 준비를 하게 된다. 이 연합은 우리가 의심 때문에 어려움을 겪게 될 때 사실로 확실하게 밝혀지겠지만 반박할 수 없을 만큼 검증되고 확실해지기 전까지는 영혼을 위로할 수 없다. 실제로 확증된 연합은 달콤함이 흘러나오는 벌집, 빛이 반짝이는 소중한 보석이 된다.

하나 됨이 가져다주는
---------------------------- 달콤함을 기억하라

나의 사랑 너는 어여쁘고 아무 흠이 없구나. 내 신부야 너는 레
바논에서부터 나와 함께하고 레바논에서부터 나와 함께 가자. 아마
나와 스닐과 헤르몬 꼭대기에서 사자 굴과 표범 산에서 내려오너라.
아가서 4:7-8.

이 얼마나 놀라운 말씀인가! "나의 사랑, 너는 어여쁘고 아무 흠
이 없구나." 영광스러운 신랑은 신부의 매력에 빠져들어 감탄을 마
지않으며 달콤하게 노래한다. 우리는 신부가 자기 주인을 찬양하는
것을 이상하게 생각하지 않는다. 주인은 찬양받아야 마땅하다. 그에
게는 입발림과 무관하게 칭찬할 수 있는 이유가 존재한다. 그런데

솔로몬보다 더 지혜로운 주님이 햇볕에 그을린 이 술람미 여인을 칭찬하려고 자신을 낮추실까? 당연한 일이다. 이것은 그분이 달콤한 입술로 직접 말씀하신 내용이다.

성도들은 이 사실을 의심해서는 안 된다. 드러나게 될 놀라운 일들이 더 많기 때문이다! 하늘나라의 일들은 당신이 감히 희망하는 것보다 훨씬 더 깊다. 사랑하는 분이 보시기에 교회는 어여쁠 뿐 아니라 어떤 의미에서는 언제나 그랬다.

주님은 자녀들이 세속적이거나 영적인 삶을 살기 전부터 그들을 기뻐하셨다. 그래서 처음부터 이렇게 말씀하실 수 있었다. "인자들을 기뻐하였느니라"(잠 8:31). 주님은 선택받은 사람의 보증인이 되기로 언약하셨고(히 7:22), 그 언약의 내용을 남김없이 성취하기로 하신 뒤에 보혈의 값을 확인하고 영원히 즐거워하셨다. 그분은 이미 직접 죄에서 구원해서 영광과 행복을 누리게 하신 것처럼 하나님의 목적과 명령에 따라 교회를 바라보는 것을 기뻐하신 것이 분명하다.

교회를 기뻐하시는
예수님의 칭찬

이제 예수님이 자신의 교회를 기뻐하신다는 주제를 즐겁게 검토해보자. 예수님은 교회에 대해 대단한 자부심을 품고 계신다. 그분은 무조건 잘못을 감싸거나 숨기시지 않는다. 교회의 죄와 가증스러운 온갖 죄책감을 충분히 아시고 어떤 심판이 마땅한지 알고 계신다. 주저하지 않고 죄를 꾸짖으신다. 주님은 이렇게 말씀하신다. "무릇 내가 사랑하는 자를 책망하여 징계하노니…"(계 3:19). 그분은 경건하지 않은 세상만큼이나 교회의 죄를 혐오하신다. 더 나아가 다른 사람들의 범죄에서는 확인할 수 없는 악을 교회에서 찾아내신다. 사랑과 은총에 역행하는 범죄가 이에 해당한다.

교회는 스스로 보기에도 문제가 있다. 그렇다면 모든 것을 아시는 주님이 보시기에 교회에는 얼마나 더 큰 문제가 있을까! 하지만 성령의 영감으로 기록되고 신랑의 입술을 통해 흘러나온 것처럼 교회는 유지된다. "나의 사랑, 너는 어여쁘고 아무 흠이 없구나." 어떻게 이럴 수 있을까? 이것은 단지 사랑을 과장하고 열정을 담아 노래한 것이기에 정직한 진리의 손길로 터무니없이 꾸며진 이야기를 제거해야 할까? 절대 그렇지 않다.

임금은 사랑이 충만하지만 합리적인 생각을 넘어설 정도는 아니다. 임금의 말에는 진실이 담겨 있다. 그는 자신의 발언을 인내심을 갖고 신부를 여러모로 살피고 나서 편견 없이 판단 내린 솔직한 표현으로 받아들이기를 바란다. 그는 우리가 어느 것도 과소평가하지 않기를 기대한다. 오히려 자신의 빛나는 표현을 통해 주장의 핵심을 파악하기를 바란다. 그래서 그는 실수를 범하지 않으려고 "나의 사랑, 너는 어여쁘고"라고 긍정적으로 진술하고 난 후에 "아무 흠이 없구나"라는 부정문으로 그 사실을 확인하는 것이다.

더할 수 없는 완벽한 칭찬

임금이 긍정적으로 말하면 그 칭찬은 정말 완벽하다! 그녀는 사랑스럽다. 하지만 그것으로는 충분히 설명할 수 없다. 그는 그녀가 어여쁘다고 말한다. 그는 그녀를 바라본다. 그는 속죄의 피로 죄를 닦아주고 소중한 의로움을 입혀준다. 그녀에게 사랑과 아름다움이 충만하다고 여긴다. 그것은 그가 좋아하는 완벽한 특징들이기에 이상해할 것이 없다.

교회의 거룩함, 영광, 그리고 온전함은 주님의 복장이다. 사랑스러운 신부가 그것을 착용하면 그녀는 "뼈 중의 뼈요 살 중의 살"(창 2:23)이 된다. 그녀는 단지 순수하거나 몸매가 좋은 것이 아니다. 그녀는 진정으로 사랑스럽고 예뻤다! 사실 그녀는 장점이 많았다! 죄로 인한 그녀의 문제는 제거되었다. 더욱이 주인을 통해 소중한 의로움을 얻게 되었고 그로 인해 진정한 아름다움을 누리게 되었다. 성도들이 "사랑하시는 자"(엡 1:6) 안으로 받아들여지면 의로워진다.

교회는 사랑받는다. 그녀는 말할 수 없이 사랑스럽다. 교회의 주인은 "여인 중에 어여쁜 자"(아 1:8)라고 소개한다. 교회는 세상의 어떤 귀족과 왕족도 상대할 수 없는 진정한 가치와 탁월함을 소유하고 있다. 예수님은 그분이 선택한 신부를 지상의 여왕이나 왕비, 혹은 하늘의 천사들과 바꾸는 것을 내켜 하시지 않을 것이다. 주님은 교회를 최고이자 으뜸, "여인 중에 어여쁜 자"로 여기신다.

이것은 분명히 그분이 부끄러워한다는 말이 아니다. 그 사랑을 말하려고 모든 사내를 초대하신다. 그분은 먼저 "보라"고 말씀하신다(우리말 개역개정판 성경에는 '보라'는 단어가 누락되었다 — 옮긴이). 그것은 초대이자 관심을 불러일으키는 특별한 감탄사이다. "내 사랑 너는 어여쁘고도 어여쁘다"(아 4:1). 그분은 지금도 자신의 의견을 공개적으로 밝히고 있고, 언젠가는 영광스러운 보좌에서 우주 전체를 상대로 그것이 사실이라고 공언하실 것이다. "내 아버지께 복 받을 자들이여 나아와"(마 25:34)라고 그분이 선택하신 이들의 사랑스러움을 엄숙하게 인정하실 것이다.

그렇다면 여기서 주님이 그분의 신부인 교회를 거듭해서 칭찬하시는 것을 조심스럽게 살펴보자.

보라. 그대는 어여쁘다!
보라. 그대는 어여쁘다!
내가 말하니 그대는 갑절이나 어여쁘다.
나의 의로움과 은총은
그대를 갑절로 빛나게 한다.
하지만 그대의 믿음이 나의 것이 될 수 없으니
나의 아름다움은 그대의 몫이다.
보라! 보라! 거듭해서 밝힌다.

그대는 나에게 정말 어여쁘다!

신랑은 신부를 돌아보면서 비둘기 같은 그녀의 눈을 다시 한번 바라보고 꿀방울이 떨어지는 입술에 귀를 기울인다(아 4:11). "나의 사랑, 너는 어여쁘고"라고 말하는 것으로는 충분하지 않다. 그렇다. 그는 황금 종을 거듭 울리면서 계속해서 말한다. "나의 사랑, 너는 어여쁘고."

신랑은 말할 수 없이 기뻐하며 신부를 이리저리 살펴본 뒤에 거듭해서 눈길을 주거나 그녀의 아름다움을 열거하는 것만으로 만족하지 못한다. 그가 처음에 묘사한 것과 마지막에 묘사한 것 사이에는 미묘한 차이가 존재한다. 그는 부풀어 오르는 기쁨을 증명하려고 특별한 사랑의 표현을 덧붙인다.

"내 사랑아 너는 디르사같이 어여쁘고 예루살렘같이 곱고 깃발을 세운 군대같이 당당하구나. 네 눈이 나를 놀라게 하니 돌이켜 나를 보지 말라. 네 머리털은 길르앗 산기슭에 누운 염소 떼 같고 네 이는 목욕하고 나오는 암양 떼 같으니 쌍태를 가졌으며 새끼 없는 것은 하나도 없구나. 너울 속의 네 뺨은 석류 한 쪽 같구나. …내 비둘기 내 완전한 자는 하나뿐이로구나. 그는 그의 어머니의 외딸이요 그 낳은 자가 귀중하게 여기는 자로구나. 여자들이 그를 보고 복된 자라 하고 왕비와 후궁들도 그를 칭찬하는구나"(아 6:4-7,9).

더할 나위 없는 완벽한 아름다움

예수님이 칭찬하시고 있는 신부의 아름다움 역시 완벽하다. 그분은 신부의 가슴만큼이나 성전에 매혹되셨다. 신부의 온갖 형식의 예배와 온갖 순수한 기도와 온갖 진지한 노력과 온갖 끝없는 고난을 소중하게 여기신다. 신부는 "어여쁘다." 성령 안에서 행하는 봉사와 시편 찬송과 중보 기도와 자선과 선행, 그리고 영적인 것들에 관한 민감함은 한결같이 그분의 칭찬거리가 된다. 그분은 믿음과 사랑과 인내와 열심을 '구슬꿰미'와 '금 사슬'과 똑같이 여기신다(아 1:10-11). 주님은 교회에 관한 모든 것을 사랑하고 칭찬하신다.

사로잡혀 있을 때나 가나안 땅에서나 신부는 언제나 예쁘다. 신부가 사랑하는 사람은 그녀가 레바논의 꼭대기에서 건넨 한 번의 눈길 때문에 기뻐서 들떴다. 그는 들과 마을에서 그녀와 즐겁게 사랑을 나눈다(아 4:8-15). 그가 자비롭게 모습을 드러내는 날 그녀를 금이나 은보다 귀하게 여길 것이다. 하지만 떠날 때도 평가는 같다. 그는 "날이 저물고 그림자가 사라지기 전에 내가 몰약 산과 유향의 작은 산으로 가리라"(아 4:6)고 말하자마자 이렇게 덧붙이지 않을 수 없었다. "너는 어여쁘고 아무 흠이 없구나."

성도들이 주 예수님의 심장에 아주 가까이 다가갈 때마다 그분의 눈에는 그들이 늘 눈동자(신 32:10)나 왕관의 보석(겔 16:12)처럼 보인다. 그들의 이름은 주님의 흉패(출 28:29)에 여전히 있고 그들의 영혼은 주님의 자비로운 기억 속에 여전히 기록되어 있다. 주님은 자기 사람들을 가볍게 생각하시지 않는다. 그분의 말씀 어디에서도 그들을 멸시하는 한마디의 말도 찾아볼 수 없다. 그들은 최고의 보물이며 만군의 여호와의 특별한 소유이다. 어떤 임금이 자신의 유산을 과소평가할까? 어떤 남편이 자신의 사랑하는 아내를 경멸할까? 다른 사람들이 마음대로 교회를 평가하게 하자. 오직 예수님은 흔들림 없이 교회를 사랑하신다. 달리 생각하시지 않는다. 그분은 여전히 기쁘게 외치신다. "사랑아 네가 어찌 그리 아름다운지 어찌 그리 화창한지 즐겁게 하는구나"(아 7:6).

교회와 성도를 일일이 '어여쁘다'라고 말씀하시는 분이 다름 아닌 하나님의 아들, 바로 그 하나님이라는 것을 기억해야 한다. 따라서 그분의 선언은 최종적이다. 잘못을 범할 수 없는 분이 말씀하셨기 때문이다. 모든 것을 아시는 여호와가 심판자가 되시면 실수란 있을 수 없다. 교회가 무엇과도 비교할 수 없을 정도로 예쁘다고 말씀하셨다면 교회는 의심할 나위 없이 예쁘다. 그리고 우리의 아주 보잘것없는 믿음이 그것을 감당할 수 없다고 할지라도 반박의 여지가 없는 계시의 교리만큼이나 거룩한 진리임이 분명하다.

교회를 아름다움이 가득한 존재로 긍정적으로 말씀하신 주님은 이제 순수한 부정을 활용해 칭찬을 확인하신다. "아무런 흠이 없구나." 신랑은 비판적인 세상이 그녀의 아름다운 모습을 거론하면서 흉하고 부정한 것은 의도적으로 외면했다고 에둘러 말할지도 모른다고 생각했던 것 같다. 그래서 그는 그녀가 완벽하게 어여쁘다고,

즉 전혀 흠이 없다고 말함으로써 상황을 모두 정리한다.

이따금 흠은 쉽게 제거되기도 하고 아주 사소한 것 때문에 아름다움이 훼손되기도 하지만 주님이 보시기에 이 작은 결점은 문제가 되지 않는다. 주님이 "엄청난 상처나 심각한 결함이나 대단한 부패를 찾아볼 수 없다"라고 말씀하셨다면 우리는 이상하게 생각했을지 모른다. 그런데 교회는 어떤 결점도 없다고 그분이 선언하실 때 이 모든 것이 포함되어 있다면 놀라움의 강도는 더욱 증가한다. 만일 주님이 모든 흠을 제거하겠다고만 약속하셨다면 우리는 영원히 즐거워할 수 있는 근거를 갖게 된 것일 수 있다. 하지만 그분이 이미 처리되었다고 말씀하시는데 더없이 만족스럽고 기쁜 마음을 누가 빼앗을 수 있을까? 여기에 "골수와 기름진 것"(시 63:5)이 있다. 그러므로 실컷 먹고 마음껏 기뻐해야 한다!

여전히 용서와 사랑을 베푸시는 주님

예수 그리스도는 신부와 다투시지 않는다. 신부는 종종 길을 잃고 성령님을 걱정하게 만든다. 그런데도 그녀의 잘못은 주님의 사랑에 영향을 줄 수 없다. 주님이 이따금 꾸짖으실 때도 있지만 부드러운 모습이나 더할 수 없이 친절한 생각을 잊으시는 법이 없기에 그럴 때조차 "내 사랑"이라고 부르신다. 그분은 우리의 어리석음을 기억하시지 않는다. 우리를 나쁘게 생각하시지 않고 잘못하더라도 이전처럼 용서와 사랑을 베풀어주신다.

이것은 우리에게 긍정적으로 작용한다. 만일 예수님이 우리만큼 상처를 입으신다면 어떻게 우리와 교제하실 수 있겠는가? 성도는 조금만 상황이 바뀌어도 주님과의 교제를 멀리할 때가 많지만, 소중한 신랑은 우리의 어리석은 생각을 너무 잘 아시기 때문에 그릇된 행동을 전혀 문제 삼으시지 않는다.

만일 그분이 우리처럼 쉽게 화를 내신다면 누가 그분의 환한 얼굴과 환대를 누릴 수 있을까? 하지만 그분은 용서하시고 더디 노하신다(느 9:17). 그분은 노아의 자식들과 비슷하시다. 그분은 뒷걸음쳐 들어와 옷으로 우리의 벌거벗음을 가려주신다(창 9:23). 아니면 알렉산더 대왕의 초상화를 그린 아펠레스와 비교할 수도 있다. 아펠레스는 알렉산더를 그릴 때 손가락으로 볼의 상처를 가리게 해서 그림에 드러나지 않게 하였다. 그분은 "야곱의 허물을 보지 아니하시며 이스라엘의 반역을"(민 23:21) 보시지 않기 때문에 허물 많은 인간의 자식들과 교제하실 수 있다.

하지만 의문이 남는다. 중생한 사람의 마음에 죄악이 남아 있을 때도 이같이 설명할 수 있을까? 우리가 날마다 죄를 걱정한다고 해서 완벽한 상태에 도달할 수 있을까? 주 예수님이 그렇게 말씀하시기에 그것은 분명한 사실이다. 하지만 그것을 어떤 의미로 받아들여야 할까? 우리는 스스로 "햇볕에 쬐어서 거무스름"(아 1:6)하다고 생각하고 있는데, 어떻게 예쁠 수가 있을까? 믿음의 비유를 생각하면 쉽게 해답을 얻을 수 있다.

칭의의 문제와 관련해 성도들은 완벽하고 죄가 없다. 이것은 예수님이 성도들에게 나누어주신 의의 선물에 관해서는 사실이다. 주님의 아름다움이 그들에게 주어졌고 그로 인해 그들은 아주 영광스럽고 사랑스러워져서 그 누구도 쫓아올 수 없을 정도로 아름다워졌다.

길 박사는 이 개념을 다음과 같이 탁월하게 설명한 바 있다. "모든 것을 지켜보시는 하나님의 눈을 벗어날 수 없는 섭리를 고려할 때, 하나님이 모든 죄를 알고 계시더라도 칭의의 관점에서는 하나님이 그분의 사람들에게 죄를 추궁하시지 않기 때문에 그것으로 평가받거나 비난받지 않는다. 그들 모두가 '거룩하고 흠 없고 책망할 것이 없는 자로'(골 1:22) 서 있기 때문이다."

예수님의 피는 모든 흠을 제거하고 그분의 의로움은 완벽한 아름다움을 허락한다. 그러므로 진정한 그리스도인은 사랑하는 분으로 인해 하늘나라 보좌 앞에 서는 순간처럼 지금도 하나님이 받아주시고 인정해주신다. 칭의의 아름다움은 한 영혼이 믿음을 통해 주 예수님께 받아들여지는 순간에 절정에 도달한다. 이 칭의는 공적을 영광스럽게 과장할 수 없을 만큼 아주 초월적이다. 이 칭의는 하나님의 아들이신 예수님의 몫이기 때문에 신적 속성을 지닐 뿐 아니라 실제로 하나님의 거룩함이다. 그래서 켄트는 다음과 같이 자신 있게 노래할 수 있었다.

당신의 보증인 덕분에 당신은 풀려났고

당신을 위해 그분의 사랑스러운 손에 못이 박혔다.

그분의 순결한 옷을 걸치니

거룩한 분처럼 거룩하게 되었다.

오, 높고 깊은 은총이 한낮의 섬광처럼 빛을 발한다.

여기 있는 거룩한 기록이 말하듯이

죄인들은 거무스름하지만 역시 사랑스럽다!

하지만 칭의는 예수님이 그분께 속한 사람들을 위해 세워두신 계획과 연계할 때, 가장 잘 이해될 수 있다. 그분의 목적은 그들을 "거룩하고 흠이 없게" 세우는 것이다(엡 5:27). 그들은 전지한 하나님이 보시기에 "흠 없고 책망할 것"(골 1:22)이 없을 것이다. 이런 관점에서 본다면 교회는 머지않아 갖추게 될 모습을 사실상 유지하고 있는 것으로 여겨진다.

이것은 교회의 탁월성을 터무니없이 기대하는 것이 아니다. 우리를 받아들이신 대리자가 바로 이 순간에 전적으로 완벽하고 영광스럽다는 것을 언제나 기억해야 한다. 모든 지체의 머리, 즉 하늘에서 찾아오신 주님은 이미 죄와 무관하시다. 머리가 영광을 누리면 몸 전체가 사랑스럽고 아름답다고 인정받게 된다는 사실은 이 진리와 부합한다. 장차 교회가 누리게 될 완전함은 이미 성취된 것처럼 거론될 만큼 아주 확실하다. 천 년을 하루같이(벧후 3:8) 생각하시는 하나님께는 당연히 그렇다.

예수 그리스도의 이름을 찬양하자. 그분은 우리가 영광을 누리지 못하도록 가로막는 오랜 여정을 뛰어넘을 정도로 우리를 사랑하시고, 당장이라도 낙원에서의 완전함에 어울릴 수 있는 칭찬을 허락하실 수 있다.

사랑이 가져다주는
달콤한 칭찬

주님은 신부에게 "내 사랑"이라고 부르셨다. 처녀들은 그녀를 "여자들 가운데에 어여쁜 자야"(아 5:9)라고 불렀다. 처녀들도 그녀를 바라보면서 칭찬했지만 오직 주님만이 그녀를 사랑하실 수 있었다. 그분의 특별한 사랑을 제대로 표현할 수 있는 사람이 있을까? 그분은 자신이 구속한 자에게 얼마나 마음이 끌리셨는지 모른다! 유명한 다윗과 요나단의 사랑도 예수님 안에서는 무색해진다. 어떤 신랑도 그분만큼 다정할 수 없다. 어떤 설명으로도 그분의 애정을 완벽하게 소개하지 못한다. 남녀가 전해 듣거나 떠올리는 사랑을 모두 넘어서기 때문이다.

복되신 우리 주님은 그분의 생각을 알리기 위해 가늠할 수 없는 것을 다른 것과 비교하시지 않을 수 없었다. 위대한 사랑을 밝히고 싶으셨기 때문이다. "아버지께서 나를 사랑하신 것같이 나도 너희를 사랑하였으니"(요 15:9). 아버지 여호와께서 아들 예수를 사랑하신 것에서 볼 수 있는 영원함과 뜨거움과 불변함과 무한함은 주 예수님이 자기가 선택하신 이들을 사랑하는 과정에서 그대로 반복되었다. 주님은 세상이 만들어지기 이전부터 그분의 사람들을 사랑하셨다. 그들의 온갖 방황에도 그분은 사랑하셨고 그들을 끝까지 사랑하실 것이다(요 13:1). 주님은 그들에게 가장 확실한 애정의 징표를 허락하셨다. 그들의 죄를 해결하기 위해 죽으신 결과로 완벽한 용서를 받을 수 있는 길을 열어주셨다.

주님은 기꺼이 죽음을 선택하심으로 끝없는 사랑을 확증하셨다. 예수님은 우리를 위한 구속 사역을 기뻐하셨다! "내가 왔나이다. 나를 가리켜 기록한 것이 두루마리 책에 있나이다. 나의 하나님이여 내가 주의 뜻 행하기를 즐기오니 주의 법이 나의 심중에 있나이다"(시 40:7-8).

주님이 우리를 위해 그분의 생명을 희생하러 세상에 오신 것은 자발적인 희생이었다. "나는 [내가] 받을 세례가 있으니"(눅 12:50). 예수님은 그분의 피로 세례를 받으셔야 했다.

그때 주님은 얼마나 목이 마르셨을까! "그것이 이루어지기까지 나의 답답함이 어떠하겠느냐"(눅 12:50). 주님은 책임을 수행하시면서 전혀 지체하거나 주저하지 않으셨다. 반드시 희생을 완수해야 하는지 따지거나 망설이지 않고 십자가를 향해 멈춤 없이 가셨다. 그분은 엄청난 양의 두려운 빚을 단번에 갚으셨다. 그분은 고난이나 처벌을 늦추거나 줄여달라고 요구하시지 않았다.

주님이 "내 원대로 마시옵고 아버지의 원대로 되기를 원하나이다"(눅 22:42)라고 말씀하신 이후로 그분의 걸음은 신속했으며 흔들림이 없었다. 십자가보다 면류관을 향해 서두르시는 것 같았다. 때가 차는 것만 의미가 있었다(갈 4:4-5). 교회의 책임을 반드시 떠맡으실 필요가 없었지만 한없이 슬플 때도 율법과 즐겁게 마주하셨고, 그 요구에 부응하셨고, 그리고 "다 이루었다"라고 외치셨다(요 19:30).

사랑의 진정한 의미를 있는 그대로 설명하기는 정말 어려운 일이다! 예수님이 나를 사랑하신다고 생각할 때마다 얼마나 눈물이 복받치는지 모른다! 주님이 나를 생각하시고 관심을 두고 계신다는 확신 때문에 얼마나 마음이 푸근한지 모른다! 하지만 나는 "주님의 사랑이 어찌 이렇게 클까!"라는 감탄의 말에 담겨 있는 황홀함을 조금이라도 똑같이 느끼게 하거나 글로 전달할 수 없다.

당신은 "주님이 나를 사랑하신다"(갈 2:20)라고 자신에게 말할 수 있는가? 그렇다면 이 사랑의 바다를 내려다보면서 그 깊이를 헤아려보라. 주님이 그토록 당신을 사랑하고 계신다는 믿음이 흔들리지 않는가? 강한 확신을 지니고 있다면 그것이 입발림과 타오르는 불길로부터 당신을 지켜주지 않을까? 예수님은 우리를 그분의 손에 새기시고 자기 신부라고 부르신다. 우리는 주님이 벌레와 같은 우리를 위해 마련하신 이 소중한 교제에 대해 눈물 어린 진정한 감사와 사랑으로 응답할 수 있을 뿐이다.

"

나는 너를 잊지 않겠고 잊을 수도 없다.
나의 심장에 새겨진 너의 이름은 영원하다.
내가 보는 손바닥에는 너를 위해
고통을 겪을 때 입은 상처가 남아 있다.

"

"내가 이것을 너희에게 이름은 내 기쁨이 너희 안에 있어
너희 기쁨을 충만하게 하려 함이라" (요 15:11).

P·a·r·t·05
:
:

충만한 기쁨을
누리는
삶을 살려면

충만한 기쁨은
그리스도의 뜻이다

내가 이것을 너희에게 이름은 내 기쁨이 너희 안에 있어 너희 기쁨을 충만하게 하려 함이라. 요한복음 15:11.

흔히들 이야기하는 속설이 마치 완전히 진리인 양 격상되어 계속해서 되풀이되는 경향이 있다. 가령 "인간은 애통하기 위하여 지어진 존재다"라는 말이 바로 그런 경우다. 이 문장에는 나름 진실에 가까운 요소가 포함되어 있기는 하지만 거기에는 그릇된 부분 역시 자리 잡고 있다. 인간은 원래 애통하기 위하여 지어진 존재가 아니라 기뻐하기 위하여 창조된 존재이다.

에덴동산은 행복한 본향이었으며, 인간이 하나님께 순종하는 한 인간을 슬프게 만들 수 있는 어떤 요소도 에덴동산에서는 자라나지 않았을 것이다. 인간을 즐겁게 하려고 온갖 종류의 꽃들이 향기를 내뿜고 있었다. 인간을 유쾌하게 하려고 각양 아름다운 모습으로 가득한 경치가 펼쳐졌으며, 강들은 황금빛 모래 위로 찰랑거리고 있었다. 다른 모든 피조물과 마찬가지로 하나님은 행복하게 살도록 인간을 만드셨다. 인간은 얼마든지 행복할 수 있다. 인간은 행복할 때야 비로소 제 모습을 갖추게 된다.

예수 그리스도께서 타락의 파멸을 회복시키기 위하여 찾아오셨다면, 또한 그분은 옛 기쁨을 우리에게 회복시켜주기 위해서도 찾아오셨다. 우리가 또다시 잃어버리지만 않는다면 오직 그 기쁨은 지금까지 이 세상에 존재할 수 있었던 어떤 기쁨보다 더 달콤하고 심오한 기쁨일 것이다. 이처럼 주님이 허락하신 기쁨을 제대로 이해하기까지는 어떤 그리스도인도 그리스도께서 자신을 만드신 이유를 충분히 깨달을 수 없다. 그리스도는 자기 백성이 행복하기를 원하신다. 하나님의 백성이 온전해지면(합당한 때가 이르러 하나님께서 자기 백성을 그렇게 만드실 테지만) 그 사람들 역시 완전히 행복해지게 될 것이다. 천국이 순수한 성결의 장소인 것과 마찬가지로, 또한 그곳은 순전한 행복의 장소이기도 하다. 천국에 점점 더 많이 준비되는 것과 비례하여 우리는 점점 더 많이 천국에 속한 기쁨 일부를 받아 누리게 될 것이다.

이처럼 내가 요한복음 15장 11절 말씀을 처음 관찰해보았을 때

받은 인상은 바로 이것이다. 곧 예수님이 과거에 말씀하신 모든 것과 오늘날 그분의 말씀을 통하여 전해주시는 모든 것은 하나님의 백성 안에 기쁨이 충만하게 생겨나도록 하기 위함이라는 것이다. "내가 이것을 너희에게 이름은 내 기쁨이 너희 안에 있어 너희 기쁨을 충만하게 하려 함이라." 심지어 지금도 우리가 그분의 기쁨이 충만한 가운데 머물고 거해야 하는 것이 바로 예수님의 뜻이라는 사실이다.

충만한 기쁨을 주는
교훈의 말씀

만약 우리가 요한복음 15장을 꼼꼼히 읽어본다면, 또한 그 앞장을 유심히 살펴본다면 당신은 예수 그리스도께서 자기 백성에게 전하시는 말씀의 본질을 충분히 파악할 수 있을 것이다. 그리스도는 진리를 알려주기 위하여 진리의 의미를 우리에게 말씀하고 계신다. 그러나 그분의 목적은 이 진리를 앎으로써 우리가 그로 말미암은 기쁨을 충만하게 받아 누리도록 하려는 것이다.

그리스도인이 점점 더 많이 알수록 자동으로 점점 더 많은 기쁨을 누린다고 말하는 게 아니라 무지는 종종 수많은 기쁨의 샘물을 우리에게 숨겨버린다는 것이다. 무지가 아니면 얼마든지 마실 수 있는 샘물을 말이다. 일반적으로 다른 모든 조건이 같다면 가르침을 가장 잘 받은 그리스도인이 가장 큰 행복을 누리게 된다. 그 사람은 진리를 알 것이며, 그 진리는 이 사람을 자유롭게 풀어줄 것이다. "진리를 알지니 진리가 너희를 자유롭게 하리라"(요 8:32). 그 진리는 무지가 우리 안에 강화해 놓은 엄청난 두려움을 단숨에 없애버릴 것이다.

하나님의 사랑을 아는 지식, 갈보리에서 이루어진 완전한 속죄에 관한 지식, 영원한 언약에 관한 지식, 여호와의 변하지 않는 신실함을 아는 지식, 그러니까 사실상 하나님이 그분의 백성과 맺은 관계 속에서 하나님을 드러내는 모든 지식은 성도들의 마음속에 커다란 위로를 준다. 그러므로 우리는 성경의 교리에 부주의하지 않도록 주의해야 한다. 하나님의 말씀을 공부해야 한다. 성경 말씀에 계시된 대로 성령님의 마음을 이해하려고 노력해야 한다. 왜냐하면 이 복된 성경책은 우리를 가르치기 위하여 기록되었기 때문이다. "무엇이든지 전에 기록된 바는 우리의 교훈을 위하여 기록된 것이니 우리로 하여금 인내로 또는 성경의 위로로 소망을 가지게 함이니라"(롬 15:4). 부지런히 성경을 공부하는 사람이라면 범사에 주님 안에서 기뻐할 만한 충분한 이유를 찾을 수 있을 것이다.

행복으로 안내하는
경고의 말씀

하지만 우리는 때때로 우리에게 경고의 말씀을 선포하시는 예수님의 말씀에 귀 기울여야 한다. 마치 이 세상에 계실 때 그러셨던 것과 마찬가지로 말이다. 요한복음 15장에는 주님이 제자들에게 포도나무의 가지라고 말씀하시는 장면, 열매를 맺지 못하는 가지는 잘라서 불구덩이에 던져버려야 한다고 말씀하시는 장면이 등장한다. 처음에는 그와 같은 말씀들이 우리에게 아무런 위로도 던져주지 못하는 것처럼 보인다. 그 말씀들은 우리 귀에 상당히 신랄하게 들릴 뿐만 아니라 우리를 깜짝 놀라게 만든 나머지, 우리 각자에게 두려운 마음으로 "저는 열매를 맺고 있나요?"라고 물어보게 만든다.

글쎄, 사랑하는 자여! 그런 식으로 영혼을 찾아다니시는 모습은 굉장히 유익한 것이다. 왜냐하면 그로 말미암아 우리 안에 참된 기쁨을 심화시킬 가능성이 높기 때문이다. 그리스도는 무리한 억측에 따른 그릇된 기쁨으로 우리를 억지로 즐겁게 하려고 애쓰지 않았을 것이다. 그러니까 오히려 손에 날카로운 칼을 들고서 이런 그릇된 기쁨을 싹둑 잘라버리신다. 그릇된 기초 위에서 누리는 기쁨은 참된 기쁨을 누리지 못하도록 가로막을 것이기 때문이다. 그러므로 우리 주님은 날카롭고 예리하고 찔러 쪼개기까지 하는 말씀을 주셔서 우리가 믿음 안에서 소리를 낼 수 있도록 하시며, 하나님의 생명 안에서 소리를 낼 수 있도록 하시며, 우리가 받아 누리는 기쁨이 그럴 만한 가치가 있도록 인도하실 것이다. 단지 바람에 쓸려 내려가거나 내던져지는 물방울이 아니라 반석이신 예수 그리스도라는 견고한 기초 위에서 누리는 기쁨으로 만드신다.

또한 우리 주님은 심지어 열매 맺는 가지라 하더라도 더 많은 열매를 맺도록 가지치기해야 한다고 말씀하고 계신다. "무릇 내게 붙어 있어 열매를 맺지 아니하는 가지는 아버지께서 그것을 제거해버리시고 무릇 열매를 맺는 가지는 더 열매를 맺게 하려 하여 그것을 깨끗하게 하시느니라"(요 15:2). 그러나 어떤 사람은 "이 얼마나 유쾌하지 않은 진리란 말인가!"라고 말할 수도 있다. "고통의 칼질을 참아내야 한다는 사실은 저에게 전혀 기쁨을 주지 않아요!" 그렇다. 사랑하는 사람이여, 그래도 이와 같은 말씀을 기억하기를 바란다. "다만 이뿐 아니라 우리가 환난 중에도 즐거워하나니 이는 환난은 인내를, 인내는 연단을, 연단은 소망을 이루는 줄 앎이로다. 소망이 우리를 부끄럽게 하지 아니함은 우리에게 주신 성령으로 말미암아 하나님의 사랑이 우리 마음에 부은 바 됨이니"(롬 5:3-5).

이 연결고리의 가장 낮은 데서부터 시작하여 마침내 기쁨에 도달하게 될 텐데, 단 한 가지 올바른 접근방식을 통하여 거기에 도달하게 된다. 상상력이란 풍선을 붙잡고 기쁨에까지 항해하려고 애쓰는 것은 아주 위험한 일이다. 그러나 하나님이 적절한 간격으로 놓아두신 든든한 가로대로 만든 야곱의 사다리를 타고 올라간다면 그분이 지정하신 안전한 길을 통하여 천국에 올라가게 된다. 우리 주 예수 그리스도는 슬픔에서 우리를 지켜주기 위하여, 위험에서 우리를 끌어내기 위하여, 안전한 길을 우리에게 가르쳐주기 위하여 경고라는 방식으로 우리에게 말씀하신다. 만약 이러한 경고의 말씀에 귀를 기울여 듣는다면 그 말씀은 죽을 수밖에 없는 우리 인간이 여기 이 세상에서나 앞으로 오는 세상에서 발견할 수 있는 최고의 참다운 행복으로 우리를 안내할 것이다.

인도하심을 바라는
겸손의 말씀

요한복음 15장 11절 말씀을 읽어 내려가다 보면 우리 주님이 교훈과 경고의 말씀에 더하여 아주 겸손한 몇 가지 말씀을 선포하신다는 사실을 깨닫게 된다. 우리 주님은 다음과 같이 굉장히 겸손해야 한다는 말씀을 전하셨다. "내 안에 거하라. 나도 너희 안에 거하리라. 가지가 포도나무에 붙어 있지 아니하면 스스로 열매를 맺을 수 없음같이 너희도 내 안에 있지 아니하면 그러하리라"(요 15:4). 우리가 스스로 겸손해지고 낮은 자리에 처하는 것은 좋은 일이다. 존 번연이 「천로역정」에서 묘사한 순례 과정에서 '자기 비하의 계곡'이야말로 가장 아름다운 장소였다는 사실은 항상 나에게 강한 인상을 남겨주었다. 양들 사이에 조용히 앉아 있는 어린 목동을 마음속에 그리는 동시에, 피리를 연주하면서 다음과 같은 노랫소리를 듣는 것은 얼마나 멋진 경험이겠는가!

아래 있는 사람은 떨어질 것을 두려워할 필요가 없도다.
낮은 자리에 앉아 있는 사람은 교만하지 않도다.
겸손한 사람은 언제까지나 하나님을 인도자로 삼으리라.

이것은 우리에게 이렇게 가르친다. 곧 하나님 앞에서 아무것도 아니라는 참된 상황까지 자신을 겸허하게 낮추는 것, 성령님의 권능에 전적으로 의지하도록 자신을 내어놓는 것은 천사들도 부러워할 수 있는 기쁨을 우리 안에 촉진하는 진정한 방법이다.

그러므로 사랑하는 자여, 성경을 읽을 때마다 성경 말씀이 당신을 교훈하든 경고하든 겸허하게 만들든 간에 상관없이 항상 감사하는 태도를 유지하라. 당신 자신에게 이렇게 고백하도록 하라. "어떤 식으로든지 이것은 나를 현재와 영원한 기쁨으로 인도한다. 그러므로 나는 훨씬 더 진지하게 그 말씀에 주의를 기울일 것이다. 어떤 일이 있더라도 나에게 전달되도록, 의도된 축복을 잃어버리지 않도록 노력할 것이다."

위로로 가득한
은혜의 말씀

또한 요한복음 15장에는 이와 같은 굉장히 은혜로운 약속의 말씀으로 가득하다. "너희가 내 안에 거하고 내 말이 너희 안에 거하면 무엇이든지 원하는 대로 구하라. 그리하면 이루리라"(7절). 여기에는 여러 가지 다른 약속들이 포함되어 있는데, 그 각각은 모두 하나님의 자녀들을 향한 위로로 가득하다. 지금 이 순간에 우리 가운데 누가 기쁨이 부족한 사람이 있는가? 마음이 침체되어 있다고 느끼는가? 우울하고 의기소침하고 낙담하고 피곤한가? 그렇다면 예수 그리스도께서 여기서 말씀하시는 바에 귀를 기울이라. "내가 이것을 너희에게 이름은 내 기쁨이 너희 안에 있어 너희 기쁨을 충만하게 하려 함이라"(요 15:11).

성경 말씀 가운데 다른 부분에서 예수 그리스도께서 당신에게 말씀하고 계신 것들은 무엇인가? "그런즉 너희는 먼저 그의 나라와 그의 의를 구하라. 그리하면 이 모든 것을 너희에게 더하시리라. 그러므로 내일 일을 위하여 염려하지 말라. 내일 일은 내일이 염려할 것이요 한 날의 괴로움은 그날로 족하니라"(마 6:33-34). "너희는 마음에 근심하지 말라. 하나님을 믿으니 또 나를 믿으라. 내 아버지 집에 거할 곳이 많도다. 그렇지 않으면 너희에게 일렀으리라. 내가 너희를 위하여 거처를 예비하러 가노니 가서 너희를 위하여 거처를 예비하면 내가 다시 와서 너희를 내게로 영접하여 나 있는 곳에 너희도 있게 하리라"(요 14:1-3). "내 양은 내 음성을 들으며 나는 그들을 알며 그들은 나를 따르느니라. 내가 그들에게 영생을 주노니 영원히 멸망하지 아니할 것이요 또 그들을 내 손에서 빼앗을 자가 없느니라"(요 10:27-28). 이런 식으로 주님은 우리에게 은혜롭게 말씀하고 계신다. 그리스도께서 우리에게 헛되이 말씀하지 않도록 우리는 주의해야 한다.

사랑하는 친구여, 이처럼 귀한 약속의 말씀들이 돌밭에 떨어진 좋은 씨앗처럼 당신의 귀에 떨어지지 않도록 주의하라. 추수할 때가 이르렀다는 약속은 온 땅에 커다란 기쁨을 안겨준다. 우리 주님이 당신의 마음과 삶에서 모아들여야 마땅한 곡식 단을 그분에게서 빼앗지 말라. 오히려 주님의 말씀을 믿고, 그 말씀을 의지하며, 그 말씀 안에서 기뻐하라. 우리 주님이 주시는 약속의 말씀은 당신에게 커다란 기쁨을 가져오겠다는 의미임을 깨달으라.

기쁨으로 인도하는
권고의 말씀

그리스도께서 권고하시는 말씀 역시 우리에게 커다란 기쁨을 가져온다. 요한복음 15장에는 상당히 많은 권고의 말씀이 포함되어 있다. 예수님은 우리에게 "내 계명은 곧 내가 너희를 사랑한 것같이 너희도 서로 사랑하라 하는 이것이니라"(12절)고 명령하고 계신다. 또한 우리에게 계속해서 그분의 사랑 안에 거해야 한다고 명령하고 계신다(9절). 우리 주 그리스도는 그런 종류의 원리를 우리에게 상당히 많이 말씀하고 계신다.

그러니까 하나님 말씀에 담긴 모든 권고는 기쁨의 길을 지시해 주는 도로 표지판이다. 하나님이 친히 자기 손으로 선명하게 새겨 넣었을지라도 돌판에 새겨진 십계명은 굉장히 딱딱해 보였다. 또한 십계명이 새겨진 화강암도 굉장히 딱딱하고 냉랭하였다. 그러나 우리 주 예수 그리스도의 권고는 매우 온화하고 은혜롭다. 그와 같은 권고는 우리에게 기쁨과 생명을 가져다준다.

이처럼 소중한 명령을 읽을 때마다 당신은 두 가지 사실에 대해 상당히 커다란 확신을 가질 수 있을 것이다. 만약 그리스도께서 당신에게 아무것도 시키지 않으신다면 그것은 당신에게 별로 좋지 않다. 그런데 예수 그리스도께서 당신에게 무엇인가를 하라고 명령하신다면 거기에 순종함으로써 최고의 행복을 누리게 될 것이다.

오, 하나님의 자녀여! 우리 주님이 어떤 권고를 하시든지 간에 절대로 발뺌하거나 궤변을 늘어놓지 말라! 만약 당신의 교만한 육신이 반항하려고 한다면 그 마음을 누그러뜨리도록 기도하라. 만약 당신이 너무나 이기적인 나머지 자기 행복을 촉진하는 일만 하고 싶어 한다면 우리 주님이요 선생님이신 분에게 순종함으로써 지혜의 길로 나아가도록 단단히 조치하라.

조금 전에 이야기한 내용을 다시 되풀이하여 말하고 싶다. 그리스도의 권고는 참된 기쁨으로 나아가는 유일한 길을 지시해주는 도로 표지판이다. 당신이 그분의 계명을 지키면 그분의 사랑 안에 거하게 될 것이다. 그리스도께서 당신에게 명하는 모든 것을 즉각적으로 실행하기 위하여 조심스럽게 그분에게 모든 주의를 기울인다면 당신은 강같이 자기 영혼에서 흘러넘치는 하나님의 평화를 받아 누리게 될 것이다. 또한 그 평화는 분명히 견실하고 지속적인 기쁨을 당신에게 가져다줄 것이다.

예수님이 허락하시는
기쁨을 누리라

내가 이것을 너희에게 이름은 내 기쁨이 너희 안에 있어 너희 기쁨을 충만하게 하려 함이라. 요한복음 15:11.

내가 이 말씀에서 얻은 두 번째 교훈은 그리스도께서 우리 안에서 기쁨을 취하실 때 우리 역시 기쁨을 누리게 된다는 사실이다. 이 요한복음 15장 말씀에서 이런 식으로 의미를 찾는 것은 몇몇 초대교회 교부들이 거기에다 붙인 해석방식이다. 이 교부들은 오늘 본문을 이런 식으로 확장하였다. 가령 "내가 이것을 너희에게 이름은 내 기쁨이 너희 안에 있어 너희 기쁨을 충만하게 하려 함이라"는 말씀은 "내가 너희로 말미암아 기뻐할 수 있으며, 너희 안에서 기뻐할 수 있으며, 너희와 함께 기뻐할 수 있다. 그리하여 너희 기쁨을 충만하게 하려 함이라"는 뜻이라는 것이다. 나는 이것이 그 본문의 온전한 의미인지 아닌지를 확실히 모르겠다. 어느 경우이든 간에 그것이 굉장히 복된 진리인 것만은 분명하다. 이와 같은 사실을 더욱 구체적으로 생생하게 설명하기 위하여 몇 가지 예를 들어보겠다.

어떤 부자(父子)는 서로가 끔찍이 사랑한다는 사실을 잘 알고 있다. 그러나 아들은 자기 아버지가 결코 다함 없는 사랑을 자신에게 계속 쏟아부을 것임을 강하게 확신하면서도 자기가 아버지에게 순종하지 않는다면, 그 아버지의 심기를 불편하게 만들 뿐만 아니라 슬퍼하게 만든다는 점도 너무나 잘 알고 있을 것이다. 순종적인 자식은 순종함으로써 자기 아버지에게 커다란 즐거움을 선사한다. 더구나 자식이 그렇게 순종할 때 그 자식은 바로 그와 같은 행위 자체로 자신도 커다란 기쁨을 맛보게 된다.

지금보다 훨씬 더 이른 시기에는 종들이 있었다. 지금도 그런 처지에 있는 사람들이 존재한다고 생각한다. 그 사람들은 자기 주인에게 너무나 밀착되어 있어서 자기들이 주인에게 만족을 가져다주었을 경우 자기들도 전적으로 만족하였다. 그러나 주인에게서 조금이라도 불쾌한 말을 들었을 때는 마음속 깊은 곳에까지 상처받게 되었다.

아마도 부부 사이의 훨씬 더 가깝고 사랑스러운 관계 속에서는 이보다 더 나은 생생한 설명을 찾을 수 있을 것이다. 아내가 남편을 기쁘게 했을 경우 그 아내는 남편에게 선사한 기쁨으로 말미암아 자신도 크게 기뻐한다. 그러나 어떤 식으로든 남편을 불쾌하게 만들었을 경우 남편이 불쾌하게 생각하는 원인을 제거하여 다시금 기쁨을 선사할 수 있을 때까지 그 아내는 도무지 행복하지 않을 것이다.

이제 나는 우리 주 예수 그리스도께서 나를 사랑하신다는 사실과 그분은 나를 사랑하는 일 이외에는 다른 어떤 것도 절대 하시지 않으리라는 사실을 너무나 잘 알고 있다. 그러나 우리 주님이 나로 말미암아 항상 기뻐하시는 것은 아닐 수도 있다. 주님이 내 안에서 아무런 기쁨을 찾지 못하실 때 하나님을 향해 진실한 마음을 가지고 있다면 내 기쁨도 떠나가게 된다.

그러나 그리스도께서 내 안에서 기쁨을 누리실 때, 그리스도께서 내 안에서 기뻐하실 수 있을 때 내 기쁨 역시 충만하게 될 것이다. 주님이 사랑하는 모든 사람은 이게 정말이라는 사실을 발견하게 될 것이다. 곧 예수 그리스도께서 그분에게 순종하고 신실함으로써 기쁨을 누리는 당신을 바라볼 수 있는 한 그에 비례하여 당신의 양심도 편안해질 수 있을 것이며, 당신의 삶이 그분에게 받아들여질 수 있다는 생각으로 당신의 마음도 한층 더 큰 기쁨을 발견할 수 있을 것이다.

그리스도 안에
거함으로써

　　우리가 그리스도 예수를 정말로 기쁘게 할 수 있으며, 그리하여 그리스도의 기쁨 안에서 즐거움을 누릴 방법은 과연 무엇인가? 우리 앞에 있는 요한복음의 가르침에 따라서 그리스도 안에 거할 때 우리는 그분을 기쁘게 할 수 있다. "너희가 내 안에 거하고 내 말이 너희 안에 거하면 무엇이든지 원하는 대로 구하라. 그리하면 이루리라"(요 15:7). 만약 당신이 때로는 그리스도 안에 거하지만 때로는 그분에게서 돌아서는 삶을 살고 있다면 당신은 그분에게 아무런 기쁨도 선사하지 못할 것이다. 그러나 그리스도께서 당신의 일상생활에 없어서는 안 될 동반자라면, 마치 사지가 몸통에 붙어 있는 경우나 가지가 줄기에 붙어 있는 것과 마찬가지로 당신이 그리스도와 친밀하게 연결되어 있어야 한다고 느낀다면 당신은 그분을 기쁘게 할 것이며, 그분은 당신과 나누는 교제를 통하여 기쁨을 이기지 못하실 것이다.

　　그리스도를 향한 뜨거운 사랑은 그분을 굉장히 기쁘게 만들겠지만 라오디게아교회처럼 차지도 덥지도 않은 미지근한 사랑은 오히려 구역질 나게 만든다. 그래서 우리 주님은 이렇게 말씀하셨다. "네가 이같이 미지근하여 뜨겁지도 아니하고 차지도 아니하니 내 입에서 너를 토하여 버리리라"(계 3:16).

날마다 당신이 조심스럽게 기도하는 마음으로 계속해서 하나님과 동행하면서 지속적으로 그리스도 안에 거한다면 그리스도는 당신을 만족스럽고 유쾌한 눈빛으로 바라보게 될 것이다. 그분은 당신 안에서 자신이 겪은 고통의 보상을 받고 있다고 여길 것이다. 그리고 그리스도께 기쁨을 주고 있다는 사실을 확실히 의식하고 있는 당신은 자기 손에 들고 있는 기쁨의 잔 역시 차고 넘친다는 사실을 발견하게 될 것이다.

어떤 사람이 그리스도에게 기쁨을 선사하고 있다고 느끼는 것보다 더 커다란 기쁨을 누릴 수 있는 게 과연 무엇이겠는가? 주변 사람들은 내가 하는 일을 정죄할 수도 있지만 그리스도께서 받아주신다면 아무리 많은 사람이 정죄하더라도 나에게는 아무런 문제가 되지 않는다. 그 사람들이 나를 잘못 보고 판단할 수도 있다. 그 사람들이 나를 비웃으며 나에게 으르렁거릴 수도 있다. 그러나 내가 하나님의 아들과 끊임없이 지속적으로 교제를 유지할 수 있다면 도대체 내가 슬퍼해야 할 이유가 무엇이란 말인가? 절대 그럴 수 없다. 그리스도께서 내 안에서 기뻐하고 계신다면 우리 기쁨도 그대로 남아 있어서 충만해질 것이다.

더 많은 열매를
맺음으로써

예수 그리스도 역시 우리에게 말씀하시기를 우리가 열매를 많이 맺을 때 그분은 우리 안에서 기쁨을 누리신다. "너희가 열매를 많이 맺으면 내 아버지께서 영광을 받으실 것이요 너희는 내 제자가 되리라"(요 15:8). 이것은 "내가 너희 안에 있는 만족과 기쁨으로 참 제자도의 증거를 삼겠다"라고 말씀하시는 것이다.

그리스도 안에서 사랑하는 자여, 당신은 하나님의 영광을 위하여 많은 열매를 맺고 있는가? 당신은 고난을 겪으라는 부르심을 받고 있는가? 그렇다면 당신의 고난을 통하여 인내의 열매를 맺도록 노력하지 않겠는가? 당신은 튼튼하고 건강한 체질인가? 그렇다면 이와 같은 건강과 힘을 바탕으로 주님께 거룩하고 왕성한 활동이라는 열매를 올려드리지 않겠는가? 당신을 위해 너무나 많은 일을 행하신 주 예수님을 위하여 당신이 할 수 있는 모든 일을 하고 있어야 하지 않겠는가?

지금까지 당신은 그분에게 너무나 많은 것을 받았다. 그러므로 이제는 당신이 그분에게 적절한 보답을 돌려드려야 하지 않겠는가? 당신이 우리 눈에도 상당히 많은 노력을 기울이는 것으로 보일 때 나름대로 충분하다고 할 수 있지만 그게 우리 자신의 평가에도 너무 보잘것없는 경우라면 얼마나 초라하겠는가!

우리 주 예수 그리스도께서 우리가 하나님을 위하여 상당히 많은 일을 하고 있다고 여기신다면 그분은 우리를 기뻐하실 것이다. 정원사는 나무를 심어놓고 나중에 나무 주변에다 구덩이를 파서 퇴비를 주기도 하고 가지치기를 제대로 해야지만 마침내 그 나무에 황금빛 열매가 주렁주렁 달리는 모습을 지켜볼 수 있게 된다. 이 정원사는 열매를 많이 맺는 나무로 말미암아 기뻐하게 된다. 이처럼 그리스도도 열매를 많이 맺는 제자들을 보면서 크게 기뻐하실 것이다. 당신은 이런 식으로 그리스도를 기쁘게 만들고 있는가? 만약 그렇다면 자신의 기쁨이 충만하게 될 것이다.

　　어떤 그리스도인들은 너무나 적은 기쁨을 누리고 있다는 사실이 그다지 놀라운 일은 아니다. 그럴 때마다 나는 그 사람들이 얼마나 적은 기쁨을 그리스도께 올려드리고 있을지를 상기하게 된다. 왜냐하면 그 사람들은 예수님을 찬양하고 영광 돌리는 일에 너무나 빈약한 열매를 생산하고 있기 때문이다.

　　사랑하는 자여, 내가 당신에게 촉구하건대 이 문제를 똑바로 바라보라. 내가 이 진리를 마땅히 그래야 하는 만큼 충분히 힘 있게 강조할 수 없을지라도 성령님의 능력으로 그 진리가 당신의 가슴에 사무치게 되기를 간구한다!

주님의 계명을
지킴으로써

이 아름다운 요한복음 15장에서, 또한 우리 주님은 이렇게 말씀하신다. 곧 우리가 주님의 계명을 지킬 때 그분은 우리 안에서 기쁨을 누리신다. "내가 아버지의 계명을 지켜 그의 사랑 안에 거하는 것같이 너희도 내 계명을 지키면 내 사랑 안에 거하리라. 내가 이것을 너희에게 이름은 내 기쁨이 너희 안에 있어 너희 기쁨을 충만하게 하려 함이라. 내 계명은 곧 내가 너희를 사랑한 것같이 너희도 서로 사랑하라 하는 이것이니라"(요 15:10-12).

그리스도의 명령에 순종하는 문제에서 그분을 거스르는 어떤 일도 절대 하지 않겠다는 소망으로, 부드러운 양심을 찾아 잘못을 저지르고 있을 때는 즉각적으로 깨달을 수 있도록, 제대로 하지 않고 내버려 둔 일을 남겨두지 않겠다는 진지한 바람을 가지고 주의 깊게 동행하는 사람, 그와 같은 사람은 반드시 행복할 것이다. 어리석은 사람들과 함께 있을 때 이 사람은 크게 웃을 수도 없고 그다지 할 말도 별로 없겠지만, 어리석게 비웃는 자들이 조롱할 수밖에 없는 은밀한 기쁨을 찾아낸 사람이다. 이 사람은 내면에 성스러운 환희를 간직한 사람이며 "우매한 자들의 웃음소리는 솥 밑에서 가시나무가 타는 소리 같으니 이것도 헛되니라"(전 7:6)는 말씀과 비교된다.

부드러운 양심을 가진 사람은 그런 기쁨을 간직한 자이다. 조심스럽게 걸어가는 사람은 그런 기쁨을 간직한 자이다. 밤에 베개를 베고 잠자리에 누웠을 때 이 사람은 스스로 이렇게 고백하면서 단잠을 이루는 자이다. "내가 원하는 대로 다 된 것은 아니었지만 그래도 나는 성결한 삶을 목표로 삼았으며, 내 인간적인 열정을 억제하기 위하여 애썼으며, 우리 주님의 뜻을 발견하여 범사에 그 뜻을 행하려고 노력했노라." 이 사람은 잠자리에서 일어나면 그 마음에 음악이 울려 퍼질 것이다. 삶에서 어떤 시험을 당하든지 간에 그 사람은 내면에 풍성한 기쁨의 원천을 소유한 자이다. 그 사람은 그리스도를 기쁘게 하는 자이다. 그리스도는 그 사람 안에서 기쁨을 누리시며, 그로 인해 그 사람의 기쁨이 충만해지게 된다.

서로 사랑함으로써

이것은 특히 그리스도의 몸 안에 있는 타인을 사랑하는 사람들의 경우이다. 타인을 전혀 사랑하지 않는 일부 사람들도 있다. 또는 설령 타인을 사랑한다고 하더라도 이 사람들은 자기 자신을 훨씬 더 엄청나게 사랑한다. 이 사람들은 서로 판단하고 정죄하기가 매우 쉽다. 만약 타인에게서 조그만 잘못을 찾아내기라도 하면 이 사람들은 그걸 아주 크게 과장한다. 만약 타인에게서 아무런 잘못도 찾아낼 수 없는 경우에는 고의로 남의 잘못을 만들어내기도 한다.

성격상 조용히 혼자 살면서 수도사나 은자로 지내는 것이 더 합당해 보이는 일부 사람들을 알고 있다. 그 사람들이 사물을 바라보는 개념에 따르면 자신들은 사회에 그대로 남아 있기에는 너무나 선한 존재라는 것이다. 어떤 교회도 자기들을 받아들일 만큼 순수하지 못하며, 어떤 사역도 자기들에게 유익을 줄 수 없다는 것이다. 다른 어떤 사람도 자기들이 도달했다고 생각하는 놀라운 경지에까지, 물론 자만심에 지나지 않기는 하지만 높이 이를 수 없다는 것이다. 우리 가운데 누구도 그런 부류의 사람이 되지 않도록 주의해야 한다. 하나님의 자녀 중에서 많은 사람은 우리보다 훨씬 더 나은 자들이며, 하나님의 가족 중에서 가장 나쁜 사람일지라도 우리보다 더 나은 여러 가지 장점을 간직하고 있기 때문이다.

때때로 나는 천국에서 확실히 하나님의 모든 가족 중에서 가장 미천하고 보잘것없는 존재로서 나 자신을 바라보고 있는 것처럼 느끼게 된다. 만약 당신이 자신을 너무나 훌륭하고 선하다고 생각하고 있다면 당신에게도 언젠가 그와 같은 때가 찾아올 수 있으리라고 생각한다. 연약한 자들이 사방으로 흩어질 때까지, 당신의 뿔과 어깨로 가녀린 자들을 마구 치받는 살진 양 같은 당신에게(겔 34:20-21) 주님은 이렇게 말씀하실지도 모른다. "저리 가거라. 너는 나와 아무 상관이 없노라. 내 백성은 그렇게 거칠거나 자랑하지 않으며, 그렇게 교만하고 건방지지 않단다. 대신 나는 겸손한 사람을 주목하고 있으며, 두렵고 떨리는 마음으로 내 말씀 앞에 나오는 참회하는 영을 가진 사람을 찾고 있단다."

다른 사람들보다 더 고차원적인 삶에 도달했다는 마음에 사로잡혀서 하나님께 기도하려고 노력해본 적이 있는가? 지금까지 살아오면서 그런 식으로 하나님께 기도하려고 노력해본 적이 있는가? 만약 당신에게 그런 적이 있었다면 나는 당신이 두 번 다시 그런 일을 하지 않으리라고 생각한다. 나도 한때 그런 식으로 애쓴 적이 있었지만 그와 같은 실험을 또다시 되풀이할 것 같지 않다. 그런 식으로 하나님께 기도하려고 애쓸 것으로 생각하였지만 그게 나에게는 자연스럽게 다가오는 것 같지는 않았다.

그렇게 했을 때는 마치 저 멀리서 누군가 이렇게 탄식하는 소리가 들리는 것처럼 생각하였다. "하나님이여 불쌍히 여기소서. 나는 죄인이로소이다"(눅 18:13). 그런 다음에야 "이 사람이 의롭다 하심을 받고 그의 집으로 내려가는"(14절) 모습이 보였다. 그러니까 나도 자기 의로 가득한 바리새인의 옷을 찢어버리고, 저 멀리 서서 감히 눈을 들어 하늘을 쳐다보지도 못하고 다만 가슴을 치는 가엾은 세리의 자리로 돌아가야 했다. 왜냐하면 세리의 위치와 기도가 감탄할 정도로 나에게 딱 들어맞았기 때문이다.

나는 그리스도 안에 있는 우리 가족 가운데 어떤 사람들에게 일어난 일을 제대로 이해할 수 없다. 그 사람들은 스스로 굉장히 멋진,

아주 좋은 사람이라고 잘못 생각하고 있다. 주님이 그 사람들의 눈을 가리고 있는 자기 의의 비늘을 벗겨주시기를 기대하며, 하나님의 눈에 정말로 어떻게 보이는지를 가지고 자신들을 바라볼 수 있기를 바란다. 그러면 좀 더 고차원적인 삶에 관한 그 사람들의 그럴듯한 관념은 머지않아 사라지게 될 것이다. 사랑하는 자여, 지금까지 내가 도달하고 싶어 하는 가장 고차원적인 삶이란 천국의 또 다른 측면인데, 내 영혼에서 이렇게 말하는 것이다. "나는 죄악의 괴수 중에 괴수지만 예수님은 나를 위하여 돌아가셨도다!"

나는 영성생활에서 다른 어떤 사람을 뛰어넘어 많은 단계를 거치면서 성장했다고 생각하려는 마음이 조금도 없다. 내가 단순하게 그리스도의 보혈과 의로움을 의지하면서 나에 대해서는 아무것도 아니라고 생각하는 한, 나는 계속해서 우리 주 예수 그리스도를 기쁘시게 할 수 있으며, 그분의 기쁨이 내 안에도 있을 것이며, 결국 내 기쁨이 충만해질 것이라고 믿는다.

Part 5 _ 15

Joy in Christ Presence

예수님의 기쁨을 나의 기쁨으로 삼으라

내가 이것을 너희에게 이름은 내 기쁨이 너희 안에 있어 너희 기쁨을 충만하게 하려 함이라. 요한복음 15:11.

위의 말씀에서 추론할 수 있는 세 번째 부분은 예수님이 그분의 백성에게 허락하시는 기쁨이 바로 그분 자신의 기쁨이라는 점이다. "내가 이것을 너희에게 이름은 내 기쁨이 너희 안에 있어 너희 기쁨을 충만하게 하려 함이라"(요 15:11). 내가 감히 단언하건대 지금까지 우리는 누구든지 자신이 의식하는 기쁨 이외에는 다른 어떤 기쁨도 서로 소통할 수 없다는 사실을 주목해왔다. 부자인 사람은 부유함에서 찾아오는 기쁨을 당신에게 이야기할 수는 있지만 가난한 사람에게까지 그 기쁨을 나눠줄 수는 없다. 온갖 종류의 시답잖은 농담을 던지면서 기쁨을 찾는 또 다른 사람은 그런 농담의 즐거움을 당신에게 이야기할 수는 있지만, 다른 사람도 그런 즐거움을 억지로 누리게 할 수는 없다.

아버지의 사랑 안에
거하라

예수님이 우리에게 기쁨을 허락하실 때 그분은 자기의 기쁨을 우리에게 주신다. 그런데 당신은 과연 그분의 기쁨을 어떤 것으로 생각하는가? 첫째, 예수님의 기쁨은 하나님 아버지의 사랑 안에 거하는 기쁨이다. 예수님은 아버지께서 아들을 사랑하신다는 사실을 잘 알고 계신다. 아버지께서 결코 다른 어떤 것이 아닌 오직 예수님을 사랑하셨다는 것, 이 세상이 존재하기도 전부터 아버지께서 예수님을 사랑하셨다는 것, 구유에 누워 있을 때조차도 아버지께서 예수님을 사랑하셨다는 것, 십자가에 달려 있을 때도 아버지께서 예수님을 사랑하셨다는 것을 잘 알고 계신다. 자, 이제 그리스도께서 당신에게 허락하시는 기쁨이 바로 그것이며, 하늘에 계신 하나님 아버지께서 그와 같은 종류의 사랑으로 당신을 사랑하신다는 것을 아는 기쁨이 바로 그것이다.

정말로 우리 주 예수 그리스도를 믿는 성도인 당신은 잠깐 멈춰서서 혀를 움직여서 영존하시는 하나님이 당신을 사랑하신다는 달콤한 고백을 토해내야 한다! 나는 나를 향한 하나님의 사랑에 대한 바로 그 생각으로 마치 날아오를 것처럼 기뻐했던 때가 종종 있었다. 그리하여 하나님이 당신을 불쌍히 여기시고 돌보아주신다는 것도 충분히 이해할 수 있다.

그러나 하나님이 당신을 사랑하신다는 사실, 그 사실이 당신의 기쁨을 충만하게 채워주지 못한다면 그게 할 수 있는 일은 아무것도 없다! 마치 예수 그리스도께서 그렇게 사랑받았던 것과 마찬가지로 우리 역시 영원하고 무한한 사랑으로 하나님 아버지께 사랑받고 있다는 사실을 아는 것이 우리를 기쁨으로 가득 채워주어야 한다. "이는 너희가 나를 사랑하고 또 내가 하나님께로부터 온 줄 믿었으므로 아버지께서 친히 너희를 사랑하심이라"(요 16:27). 그리스도는 모든 세대에게 이 사실을 선포하고 계신다. 그러므로 분명히 당신은 그리스도의 기쁨을 함께 나누고 있으며, 이 사실이 당신의 기쁨을 충만하게 채워주어야 한다.

또한 그리스도의 기쁨은 복된 우정으로 말미암은 기쁨이다. 그리스도는 제자들에게 이렇게 말씀하셨다. "이제부터는 너희를 종이라 하지 아니하리니 종은 주인이 하는 것을 알지 못함이라. 너희를 친구라 하였노니 내가 내 아버지께 들은 것을 다 너희에게 알게 하였음이라"(요 15:15). 예수님의 친구란 그분께 가장 친밀한 우정을 선물로 받은 사람들이다. 언제든지 예수님의 품에 기댈 수 있으며, 언제나 예수님과 함께하는 사람들이다. 우리 주 예수 그리스도는 그분의 백성들과 함께 가장 절친한 친구 관계를 맺음으로써 커다란 기쁨을 누리신다. 당신 역시 우리 주님과 함께 그와 같은 절친한 친구 관계를 맺음으로써 커다란 기쁨을 누리지 않겠는가? 이보다 얼마나 더 고차원적인 기쁨을 누리기를 원하는가? 또는 얼마나 더 고차원적인 기쁨을 누릴 수 있다고 생각하는가?

한때 우리 주 아무개님을 부인했다는 이야기를 어떤 남자가 자랑삼아 늘어놓는 소리를 들었다. 또 다른 사람은 단지 자랑을 늘어놓기 위하여 존 거시기 경이 자기 친구라고 떠벌렸다. 그러나 당신은 우리 주 예수 그리스도를 개인적인 친구요, 신성한 동반자로 삼고 있다. 머지않아 당신은 우리 주님의 식탁에 마주 앉아 그분과 함께 잔치를 벌일 것이다. 그분께서 이제 더는 당신을 종으로 부르지 않고 친구로 부르신다. 이와 같은 사실이 당신에게 지극한 기쁨으로 기뻐하게 만들고 있지 않은가? 만약 그게 이와 같은 확신을 바탕으로 기뻐 뛰게 만들지 못한다면 도대체 당신의 마음은 어떻게 된 것인가? 당신은 주님에게 사랑받는 자이며 하나님의 아들에게 절친한 친구이다! 이와 같은 큰 행복을 누릴 수 있다면 심지어 왕들조차도 기꺼이 자기 왕관을 포기할지도 모른다.

하나님 아버지를
영화롭게 하라

더구나 우리 주 예수님은 하나님 아버지를 영화롭게 함으로써 강렬한 기쁨을 느끼신다. 하나님 아버지께 영광을 돌리는 것이야말로 예수님의 변함없는 기쁨이다. 하나님 아버지를 영화롭게 하는 기쁨을 느껴본 적이 있는가? 또는 그리스도께서 하나님 아버지를 영화롭게 했기 때문에 지금 당신이 그리스도 안에서 기쁨을 느끼고 있는가? 내가 엄숙하게 선포하건대 만약 그리스도께서 나를 구원해주지 않으시더라도 하나님의 성품을 드러내기 위하여 그리스도께서 행하신 일로 말미암아 나는 여전히 그분을 사랑할 수밖에 없다.

만약 우리 주님께서 바깥에 쌓인 눈구덩이 속으로 나를 몰아내신다 할지라도 나는 거기 추운 데 서서 이렇게 말할 것이라고 가끔 생각해보았다. "주님께서 저에게 뜻하시는 대로 하세요! 주님께서 원하신다면 저를 짓뭉개서 가루로 만드세요! 그래도 저는 항상 주님을 사랑할 거예요. 이 세상에는 주님과 같은 분이 절대로 없기 때문이지요. 주님 이외에 제 사랑을 받기에 너무나 합당하신 분은 아무도 없기 때문이지요. 주님이 그러셨던 것처럼 제 사랑과 감탄을 완전히 차지하세요."

얼마나 영광스럽게 그리스도께서 인간의 죄라는 거대한 짐을 치워버리셨던가! 하나님의 공의로운 요구를 얼마나 적절하게 보상했던가! 얼마나 멋지게 그 법을 확장했으며 영광스럽게 만들었던가! 그리스도는 이렇게 함으로써 가능한 가장 커다란 기쁨을 취하셨다. "믿음의 주요 또 온전하게 하시는 이인 예수를 바라보자. 그는 그 앞에 있는 기쁨을 위하여 십자가를 참으사 부끄러움을 개의치 아니하시더니 하나님 보좌 우편에 앉으셨느니라"(히 12:2). 이 기쁨을 당신의 소유로도 삼으라. 그 법이 영화롭게 되고, 공의가 이루어지고, 값없는 은혜가 우리 주 예수 그리스도의 속죄 사역 안에서 영광스럽게 드러나는 것을 기쁘게 여기라.

하나님 아버지께서 그분에게 하라고 명하신 일을 완수함으로써 그리스도께서 하나님 아버지를 영화롭게 하신 것은 그리스도의 기쁨이었다(요 17:4). 그리스도께서는 그 일을 완수하셨으므로 기뻐하신다. 그렇다면 당신 역시 그분께서 완수하신 일로 말미암아 기뻐하지 않겠는가? 당신은 그리스도께서 만드신 의(義)의 옷을 단 한 땀도 기우지 않아도 된다. 그 옷은 꼭대기에서부터 밑바닥까지 모든 부분을 통틀어 절대적으로 완벽하게 기워져 있다. 당신은 자신의 구속을 위하여 단 한 푼의 속전도 지급할 필요가 없다. 왜냐하면 마지막 한 푼까지도 완전히 다 속전이 지급되었기 때문이다.

위대한 구속 사역이 영원토록 마무리되었으며, 그리스도께서 그 모든 일을 깔끔하게 완수하셨다. 그래서 이렇게 말씀하고 계신다. "이루었도다. 나는 알파와 오메가요 처음과 마지막이라. 내가 생명

수 샘물을 목마른 자에게 값없이 주리니"(계 21:6). 그분은 우리 믿음의 창시자요 완성자시다. "믿음의 주요 또 온전하게 하시는 이인 예수를 바라보자. 그는 그 앞에 있는 기쁨을 위하여 십자가를 참으사 부끄러움을 개의치 아니하시더니 하나님 보좌 우편에 앉으셨느니라"(히 12:2). 그리스도 안에 있는 형제자매여, 가만히 앉아서 이 소중한 진리를 일단 받아먹으라. 이에 관하여 선지자 이사야가 오래 전에 "만군의 여호와께서 이 산에서 만민을 위하여 기름진 것과 오래 저장하였던 포도주로 연회를 베푸시리니 곧 골수가 가득한 기름진 것과 오래 저장하였던 맑은 포도주로 하실 것이며"(사 25:6)라고 기록하였다. 그러므로 우리는 이렇게 고백해야 한다.

"주 예수님, 저는 주님께서 두 발로 용의 목을 짓밟고 계심을 압니다. 저는 주님께서 죽음과 지옥을 두 발로 짓밟고 계심을 압니다. 온 세상이 주님을 만왕의 왕으로 인정할 때까지 저는 주님을 기다리면서 승전보를 알리는 주님의 얼굴에 가득한 영광을 바라봅니다. 주님은 단번에 영원토록 '다 이루었다'(요 19:30)라고 선포하셨으며, 모든 일을 깔끔하게 완수하셨습니다. 주님께서 다 이루셨기에, 저를 위하여 그 모든 일을 다 이루셨기에 이 가엾은 마음도 기뻐합니다!"

주님이 주시는
충만한 기쁨 안에 거하라

내가 이것을 너희에게 이름은 내 기쁨이 너희 안에 있어 너희 기쁨을 충만하게 하려 함이라. 요한복음 15:11.

위의 말씀에서 마지막으로 묵상한 내용은 그리스도께서 자기 백성들에게 그분의 기쁨을 전달하실 때 그것은 오래도록 남아 있는 기쁨이며 충만한 기쁨이라는 점이다. 그리스도께서 선사하시는 기쁨처럼 변함없이 오래도록 남아 있는 기쁨은 어디에서도 찾을 수 없다. 아이가 태어날 때마다 수많은 가정에서는 엄청난 기쁨을 누린다. 그러나 얼마나 많은 슬픔에 젖은 엄마들이 먼저 이 세상을 등진 아이들을 떠나보내고 있단 말인가! 하나님이 곳간을 채우실 때는 기쁨이 있다. 풍성한 추수는 사람들에게도 기쁨을 선사하기 때문에 그것은 매우 적절하고도 당연하다. 그러나 이내 춥고 어둡고 황량한 날씨를 보이는 겨울이 다가오게 된다.

그러니 사랑하는 자여, 주님의 기쁨을 받을 때 거기에 가만히 머물러 있으라. 왜 그러냐고? 그럴 만한 이유가 여전히 남아 있기 때문이다. 샘물이 솟아나는 한 시냇물은 계속해서 흘러갈 것이다. 그러나 그리스도인의 기쁨은 절대 변하지 않는 기쁨이다. 왜냐하면 절대 변하지 않는 그럴 만한 이유가 있기 때문이다. 곧 하나님의 백성을 향한 그분의 사랑은 절대 변하지 않기 때문이다. 구속은 결코 효력을 잃지 않을 것이기 때문이다.

우리 주 예수 그리스도는 결코 중보기도를 중단하지 않으신다. 하나님과 더불어 우리를 받아들이시는 그리스도의 마음은 절대 바뀌지 않으신다. 각종 약속도 변하지 않는다. 언약은 때때로 커졌다가 때로는 이지러지는 달과 같지 않다. 결코 그런 게 아니다. 만약 당신이 오늘 그리스도의 기쁨을 즐긴다면 내일과 영원무궁토록 즐거워할 만한 같은 이유를 갖게 될 것이다. 왜냐하면 그리스도께서 그분의 기쁨이 당신 안에 머물러 있을 것이라고 약속하고 계시기 때문이다.

변함없는 충만한 기쁨

　　　이 기쁨은 충만한 기쁨이다. 사랑하는 친구여, 만약 우리 기쁨이 충만하다면 두 가지 사실이 우리에게 매우 분명해야 한다. 첫째, 우리에게는 이제 더 이상 어떤 기쁨을 담아낼 만한 여지가 없다. 둘째, 우리에게는 이제 더 이상 어떤 슬픔을 담아낼 여지도 없다. 우리가 자신을 향한 하나님의 사랑을 알게 될 때 우리에게는 기쁨이 너무나 충만한 나머지 이제 더 이상 어떤 기쁨이 필요하거나 부족하지 않다. 온갖 세상 즐거움이 이전에 우리에게 보여주던 매력을 모조리 상실하게 된다.

　　당신은 어떤 사람이 먹고 싶은 것을 모두 먹은 뒤에 새로이 그 사람 앞에 진수성찬을 차려놓을 수도 있겠지만 그 사람에게는 전혀 식욕이 돋지 않을 것이다. "만족하는 삶이 곧 진수성찬이다"라는 속담이 있다. 어떤 사람이 하나님께 용서받았을 뿐만 아니라 구원받았다는 사실을 알고 있을 때 주님의 기쁨이 그 사람의 영혼으로 들어오게 된다. 그 영혼은 이렇게 말한다. "당신은 온갖 다른 기쁨을 찾을 수도 있지요. 그런 기쁨을 찾아서 하고 싶은 대로 하세요. 그러나 저에게는 우리 하나님, 우리 구세주가 계시기 때문에 더 이상 아무것도 원하지 않아요."

　　그러면 야망이 멈추고, 열망이 가라앉고, 욕망이 죽고, 한때 이리저리 배회하던 소망이 제자리를 잡게 된다. 구원받은 사람은 이렇게 말한다. "나의 하나님, 이제 하나님은 저에게 충분하십니다. 제가 무엇을 더 바랄 수 있을까요? 하나님은 저에게 '내가 너를 사랑하노라'고 말씀하셨으며, 제 마음은 '나의 하나님, 저도 하나님을 사랑합니다'라고 반응했기 때문에 이 세상의 모든 부를 제 마음대로 할 수 있는 것보다 더 진실한 부유함을 제 마음대로 할 수 있게 되었습니다."

그리스도의 기쁨이 우리에게 충만해졌기 때문에 이제 더는 어떤 슬픔도 자리잡을 만한 여지가 없다. 그렇다면 어디에 슬픔이 존재할 수 있단 말인가?

"그런데 이 사람은 가진 돈을 모두 잃어버렸어요."

아무리 그래도 그 사람은 이렇게 말한다. "맞아요. 그러나 주님이 저에게 있는 돈을 모두 가져가고 싶어 하신다면 그렇게 하도록 해야겠지요."

"그런데 이 사람은 자신에게 매우 소중한 사람들을 잃었어요."

그런데도 그 사람은 이렇게 말한다. "내가 모태에서 알몸으로 나왔사온즉 또한 알몸이 그리로 돌아가올지라. 주신 이도 여호와시요 거두신 이도 여호와시오니 여호와의 이름이 찬송을 받으실지니이다 하고 이 모든 일에 욥이 범죄하지 아니하고 하나님을 향하여 원망하지 아니하니라"(욥 1:21-22).

어떤 사람이 자기 영혼에서 의식적으로 하나님의 사랑을 깨달을 때 그 사람은 결코 이보다 더 많은 것을 원할 수 없다. 우리 모든 사람에게 그와 같은 깨달음이 있으면 좋겠다. 왜냐하면 그럴 때 우리 기쁨이 너무나 커져서 어떤 슬픔에 대해서도 아무런 여지가 남아 있지 않을 것이기 때문이다.

자, 이제 사랑하는 자여! 이와 같은 생각으로 우리 주님의 식탁으로 나아갈 때 당신은 너무나 커다란 기쁨으로 충만한 나머지 가슴이 벅차서 아무 말도 하지 못할 것이다. 진정으로 기쁨이 충만한 사람들은 보통 그다지 많은 말을 내뱉지 않는다. 언저리까지 가득 찬 잔을 들고 가는 사람은 아무것도 들고 가지 않는 사람처럼 덩실덩실 춤출 수가 없다. 그 사람은 잔을 엎지르고 싶지 않기 때문에 굉장히 조심스럽게 비틀거리지 않으려고 애쓸 것이다. 그와 마찬가지로 자기 영혼이 주님의 기쁨으로 충만한 사람은 굉장히 고요하고 조심스럽다. 이 사람은 그에 관하여 그다지 많은 이야기를 늘어놓을 수 없다.

나는 심지어 그와 같은 기쁨이 너무나 충만해지는 것을 경험한 나머지 내가 "몸 안에 있었는지 몸 밖에 있었는지"(고후 12:3)를 거의 구분할 수 없을 정도였다. 고통, 아픔, 영의 침체, 이 모든 것이 완전히 사라진 것처럼 보였다. 그리스도에 관하여 너무나 명확한 관점을 갖게 되었으며, 내 마음이 다른 모든 것과 너무나 철저히 구별된 나머지 그 이후로는 거의 꿈을 꾸기라도 하듯 전능하신 권세 안에서 하나님의 사랑을 느꼈던 것처럼 보였다. 그 능력이 나를 모든 주변 환경에서 하늘 위로 잽싸게 들어 올리는 것같이 느껴졌다.

도저히 잊을 수 없는
친밀한 기쁨

그러니까 사랑하는 친구여, 만약 지금 당신도 그런 경우라면 주님의 기쁨이 당신에게 너무나 충만해져서 결코 잊을 수 없을 것이다. 바로 지금 이 순간에 당신의 영혼이 그리스도의 기쁨으로 충만해져 있다면 지금부터 여러 해가 흐른 뒤에 당신은 진심으로 이렇게 고백할 것이다. "나는 23년 전 어느 날 밤 어떤 책에 홀딱 빠져들었던 때를 기억한다. 그때 우리 주님이 나를 만나주셨으며, 내 영혼을 살펴보셨으며, 거기에 커다란 구멍이 있다는 사실에 주목하셨다. 그래서 내 영혼에서 이제 더는 받아들일 수 없을 때까지 주님은 그분의 마음속에 충만한 기쁨을 나에게 가득 쏟아부어주셨다."

그리고 아마 앞으로 어떤 암울한 시기에 현재 경험은 당신의 영혼에 엄청난 위로의 원천이 될 것이다. 그와 같은 상황에서 당신은 다윗의 말을 떠올리게 될 것이다. "내 하나님이여 내 영혼이 내 속에서 낙심이 되므로 내가 요단 땅과 헤르몬과 미살산에서 주를 기억하나이다"(시 42:6). 당신은 또 이렇게 덧붙일 것이다. "주의 폭포 소리에 깊은 바다가 서로 부르며 주의 모든 파도와 물결이 나를 휩쓸었을지라도(7절) 저는 환하게 빛나던 시절의 기억을 떠올리면서 주님께서 한때 주님의 사랑이 머물렀던 사람들을 절대 버리지 않으신다는 사실을 알게 될 것입니다."

사랑하는 자여, 당신의 주님께로 가까이 나아가라. 나는 그분께로 아주 가까이 나아가는 것을 기쁨으로 삼는다. 죄인들에게는 그분의 옷깃을 만지는 것만으로도 충분하지만 성도들에게는 그것만으로는 충분하지 않다. 우리는 마리아처럼 그분의 발치 가까이에 앉고 싶어 하며, 요한처럼 그분의 품에 안기고 싶어 해야 한다. 아직도 회심하지 않은 사람이여, 예수님을 바라보라. 만약 당신이 예수님을 바라보면 당신은 살아나게 될 것이다!

그러나 회심한 당신은 예수님을 한 번 쳐다보는 것으로 충분하지 않을 것이다. 당신은 예수님을 계속해서 바라보고 싶어 한다. 당신 역시 예수님이 당신을 계속해서 바라보기를 원한다. 그분이 당신에게 이렇게 말씀하실 때까지 말이다. "나의 누이, 나의 신부야! 오늘 나 그대에게 마음을 빼앗기고 말았다. 그대의 눈짓 한 번 때문에, 목에 걸린 구슬 목걸이 때문에 나는 그대에게 마음을 빼앗기고 말았다"(아 4:9, 새번역). 이에 관하여 당신은 이렇게 반응할 것이다. "임은 나를 이끌고 잔칫집으로 갔어요. 임의 사랑이 내 위에 깃발처럼 펄럭이어요"(아 2:4, 새번역).

이제 그리스도와 그분의 피를 뿌린 사람들 사이에는 이처럼 달콤한 교제가 있을 수 있다. 혹시 우리가 천국의 정문을 통과할 수 없을지 몰라도 거기에 아주 가까이 갈 수는 있을 것이다. 혹시 우리가 천사들의 노랫소리를 들을 수 없을지 몰라도 그 천사들은 적어도 우리의 노랫소리를 들을 수 있을 것이다. 혹시 우리가 천사들의 기쁨을 안에서 지켜볼 수는 없을지 몰라도 적어도 그 천사들이 우리의 기쁨을 쳐다보지 않고서는 견딜 수 없을 만큼 몰두할 수 있을 것이다. "우리의 친밀함이 너무나 사랑스러운 나머지 천사들조차도 이 만찬 식탁에 우리와 함께 앉아 있도록 허락을 얻고 싶어 하게 하소서!" 비록 이것이 주권적인 은혜로 구원받은 죄인들을 위하여 예비된 영광이긴 하지만 말이다.

심지어 천사들조차도 구속의 은혜와
죽기까지 베푸신 사랑보다 더 진한,
더 놀랍고 더 진한 것을 지금까지 전혀 맛보지 못했다.

사랑하는 성도여, 주님이 당신을 향하여 미소 짓게 하라. 그분이 당신을 통하여 엄청난 기쁨을 누리는 탁월한 성도가 되도록 하라. 그러면 주님의 기쁨이 당신 안에 머물 것이며, 당신의 기쁨이 진정으로 충만해질 것이다.

이 책을 읽는 모든 사람이 내 사랑하는 주님과 선생님을 알게 되기를 내가 얼마나 바라는지! 인격적으로 그리스도를 알지 못하는 당신에게, 그리고 무엇이 참 신앙인지를 경험적으로 알지 못하는 당신에게 말하건대, 그리스도의 사랑을 깨닫고 살아가는 5분이 현재 당신을 가장 기쁘게 하는 것들을 마음껏 누리면서 백만 년을 살아가는 것보다 훨씬 더 낫다. 이 불쌍한 세상의 가장 밝은 측면보다 그리스도의 어두운 측면의 밝기가 훨씬 더 밝다. 온갖 부와 사치품과 향락과 죄악으로 넘쳐나는 사악한 왕들의 궁정에 앉아 있기보다는 오히려 상처 난 곳을 핥는 개들과 내 영혼을 유혹하는 사탄이 득실거리는 곳에서 이마에 죽음의 땀방울을 흘리면서 박해와 멸시를 당하고, 버림받고 불쌍한 모습으로 온몸이 발가벗긴 채로 몇 달이고 침상에 머물러 있을지라도 그리스도를 친구로 삼는 편이 훨씬 더 낫다.

아무리 비천한 상황에 부닥칠지라도 사탄의 애첩이 되기보다는 하나님의 충견이 되는 편이 훨씬 더 낫다. 경건하지 못한 사람들과 위엄 있는 잔치의 상석에 앉기보다는 그리스도의 식탁에서 떨어지는 빵 부스러기와 곰팡내 나는 보잘것없는 빵 조각을 얻어먹는 개가 되는 편이 훨씬 더 낫다. "주의 궁정에서의 한 날이 다른 곳에서의 천 날보다 나은즉 악인의 장막에 사는 것보다 내 하나님의 성전 문지기로 있는 것이 좋사오니"(시 84:10).

하나님이 당신을 풍성하게 축복하시기를 원한다. 만약 당신이 여전히 회심하지 않은 사람이라면 하나님이 당신을 불쌍히 여기셔서 구원해주시기를 기도한다. 그런데 당신이 하나님의 사랑하는 아들이신 예수 그리스도를 신뢰한다면 하나님이 반드시 그렇게 하실 것이다. 당신이 예수님을 의뢰하자마자 당신은 곧바로 구원받는다. 하나님이 그분의 사랑하는 이름을 위하여 바로 이 시간에 당신이 그렇게 할 수 있는 은혜를 베푸시길 기도한다!